“抵御外侮——中华英豪传奇”丛书

丛书主编　张海鹏

靖海护国

俞大猷

王逸临　谭景玉◎著

南京出版传媒集团
南京出版社

图书在版编目(CIP)数据

靖海护国俞大猷/王逸临,谭景玉著. —南京:
南京出版社,2023.9
(抵御外侮 :中华英豪传奇)
ISBN 978-7-5533-4233-7

Ⅰ.①靖… Ⅱ.①王… ②谭… Ⅲ.①俞大猷(
1504～1580)—传记 Ⅳ.①K825.2

中国版本图书馆 CIP 数据核字(2023)第 085576 号

书　　名　靖海护国俞大猷
作　　者　王逸临　谭景玉
出版发行　南京出版传媒集团
　　　　　　南 京 出 版 社
社址:南京市太平门街 53 号　　邮编:210016
网址:http://www.njcbs.cn　　电子信箱:njcbs1988@163.com
联系电话:025-83283893、83283864(营销) 025-83112257(编务)

出 版 人　项晓宁
出 品 人　卢海鸣
责任编辑　汪　枫
封面设计　石　慧　王　俊
责任印制　杨福彬

排　　版　南京新洲印刷有限公司
印　　刷　江苏凤凰通达印刷有限公司
开　　本　787 毫米×1092 毫米　1/32
印　　张　4.5
字　　数　80 千字
版　　次　2023 年 9 月第 1 版
印　　次　2023 年 9 月第 1 次印刷
书　　号　ISBN 978-7-5533-4233-7
定　　价　18.00 元

上架建议:教育·历史

用微信或京东
APP扫码购书

用淘宝APP
扫码购书

编委会

总 序

在中华民族的历史上，沿海倭寇的肆意袭扰，西方列强的坚船利炮，侵华日军的烽火狼烟，一次又一次将中华民族推向生死存亡的边缘，给中华民族带来了深重的灾难与难以磨灭的痛苦记忆。中国从一个封建国家演变为一个半殖民地半封建国家。国运危亡，威胁着每一个中国人。

天下兴亡，匹夫有责。抵御外侮，救亡图存，成为面临外敌入侵、民族危亡时中国人思考的第一课题。也正是在这样的危难时刻，中华民族产生出一个又一个舍生取义、矢志报国的英雄豪杰，他们一回又一回地挽狂澜于既倒，扶大厦于将倾。他们的丰功伟绩，不只是单纯地拯救了某个王朝，某个皇帝，而是拯救了整个中华民族的血脉与希望；正像我们的国歌所唱的那样：把我们的血肉铸成新的长城，他们的奋斗和牺牲，把中国的历史命运一次一次推向一个进步的新阶段；他们的高风亮节，不只是中华儿女景仰、学习的榜样，也是人类不屈不挠、英勇抗暴精神的象征。抗敌御侮的英雄事迹，构成了中华优秀传统的新的篇章。

中华民族没有在外敌面前屈服、倒下，而是在一次一次斗争后走向新生，走向进步。作为唯一延续至今未曾中断过的中华文明不断在成长，中华民族依旧傲然挺立于世界民族之林，中华民族的文化传统，不仅没有消逝在历史长河之中，反而发扬光大，成为造就中国特色社会主义的基本历史因素。

为了歌颂中华英豪的爱国精神，为了纪念中国人民抵御外侮的伟大事迹，为了弘扬优秀的传统文化，南京出版传媒集团·南京出版社推出“抵御外侮——中华英豪传奇”丛书。

这套丛书是面向青少年的普及性读物，聘请各有所长的学者撰写，力图用生动活泼的语言，引人入胜的故事，准确的历史事实，努力展现明清以来各个时期抵御外侮的英雄豪杰的事迹，描绘每一位英豪的成长历程和闪光人生，再现了他们人生的不朽光辉。丛书通过这些在抵御外侮中发挥重大作用的英雄人物，向广大青少年表达了中华民族热爱和平、热爱祖国的家国情怀。

如今，我们正走在中华民族复兴的伟大征程之上，国家发展前程似锦，国际地位日益提高，全世界的目光都在转向中国，可以说，今天的中国距离中华民族复兴的伟大梦想，比以往任何时候都更为接近了。越是在这种时候，我们越是要记住为实现中华民族伟大梦想而奋斗、而牺牲的先烈；在我们昂首阔步走向未来新征程的路上，我们更应该居安思危、以史为鉴。历史已经证明：每一段抵御外侮的历史，都是一段维护正义的历史；每一场抵御外侮的斗争，都是一场维护和平的斗争；每一次抵御外侮的奋斗，都是一次为了实现人民美好生活的奋斗，正义终将胜利，和平终将胜利，人民终将胜利。

“抵御外侮——中华英豪传奇”丛书在传播正能量、弘扬爱国主义情怀的同时，提醒我们，在和平时期，抵御外侮的精神同样不可或缺，抵御外侮的英豪也同样不应遗忘，我们今时今日所有的成就与繁荣，离了这种精神、这些英豪，都是万万不可想象的。

“抵御外侮——中华英豪传奇”丛书，不只是为了缅怀先烈，更是为了激励后人；不只是为了铭记历史，更是为了展望未来。

为青少年编写历史小丛书，是一项崇高的事业。20 世纪 50—60 年代，吴晗主编了《中国历史小丛书》《世界历史小丛书》，对当时的青少年起到了历史教育的奠基作用，事实证明是成功的出版经验。我期待南京出版社继起努力，把这个崇高的事业承担起来，拓展开来。为这个崇高的事业投入人力、物力和财力，是会得到善报的，这个善报，不在多少金钱，而在一代一代具有丰富历史知识的青少年的成长，他们将成为国家的栋梁。

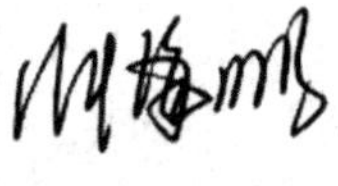

（中国社会科学院学部委员、中国史学会原会长）

目录

引　言

中华民族自古以来就是一个崇尚和平的民族，中国人民从不惧怕外部势力的挑衅与侵略，历史上不乏为了国家安全和百姓安宁而奋斗的英雄人物。在福建省石狮市永宁城东的朝阳山上，矗立着一块镇海石。它寄托了中华民族抵御外侮、保家卫国的坚强意志与决心，也饱含着人们对民族英雄、明朝著名将领俞大猷的敬重之情。

明朝嘉靖年间，日本国内动荡不安，一些武士、浪人和破产农民到中国沿海大肆劫掠，给明朝的国家安全和民众生活造成极大威胁和严重破坏。这群强盗被明朝人称作“倭寇”。俞大猷是当时抵御倭寇的主要将领之一。传说有一次，一支入侵福建的倭寇被俞大猷打得连连败退，逃至永宁乘船而去。俞大猷率兵追至海边，却无船可用，只能眼睁睁地看着倭寇逃遁。他仰天长叹：“我俞大猷对国家一片赤诚，上天缘何不助我灭倭！”霎时间，乌云密布，一块巨石挟风雷而下，击碎了倭寇的船只，倭寇尽数溺亡。这块巨石随即飞到朝阳山上。俞大猷赞叹道："真乃镇海奇石也!"随后，他亲书"镇海石"三个大字，并请人将字刻在石头上。此后人们传说，这是上天被俞大猷的杀敌报国之志感动，故降巨石助其灭倭。

镇海石，位于福建省石狮市朝阳山上(采自石狮市人民政府网)

俞大猷(1503—1579，一说1504—1580)，字志辅，号虚江，谥号武襄。福建晋江(今福建省泉州市)人。明朝著名将领。他身经百战，曾四次出任地方参将，七次出任地方总兵官。在同时代的众多名将中，被誉为"诸将之首"。他自幼怀揣报国之志，不仅广泛结交志同道合的朋友，而且一直在激励更多的人为保家卫国而奋斗。他还是著名的武术家，凭借"俞家棍"所向无敌，所著《剑经》受到戚继光等的高度评价。他不仅毫不吝啬地将自己的武艺传授给手下的士兵，还不断钻研战船、兵车的制造及相应的阵法，并推动了明中后期边防力量的重整。经过俞大猷等众多爱国将士的艰苦努力，倭寇、海盗等势力被肃清，明朝的边疆形势逐渐平稳，百姓的生活重归安定。

俞大猷以身许国。他在《送武进士》诗中说："一担纲常千古重，两肩忠孝百年忙。"为保卫国家安全，他宵衣旰食，呕心沥血，但常被上司和同僚刁难与指责，几次被贬官罚俸，甚至曾被关入大牢。他坚信"丈夫不逆旅，何以及苍生"，忧民报国之志始终不渝。他在挫折中磨练自己的意志，在逆境中提升自身的能力，虽几经贬官罢职，后都凭借坚韧不拔的品质和突出的军事素养被重新启用。报效国家的理想信念为俞大猷提供了源源不竭的精神动力，使他可以为保卫国家安全做出更大的贡献。

俞大猷勤于思考，善于规划，始终敦促自己不断进步。进行详尽考察，谋定而后行是俞大猷做每件事的首要步骤，也是他在战场上不断取胜的基本保证。经过认真规划，他往往能较完美地解决诸多前任官员处理不好的难题，并因此得到上级的信任，从而实现自己的报国之志。他积铢累寸，集腋成裘，不断积累御敌经验，提高自己的指挥能力。在军事指挥及对水军和车兵的训练上，形成了独到的见解，落实到实际操练中后，军队的战斗力往往明显提高。

俞大猷待人真诚，感恩图报，因此胜友如云。他个人走出困境，取得成功，乃至推动明朝边防力量的重整，均离不开这群志同道合的朋友。戚继光、汤克宽、邓城、邵应魁等将领和他在战场上密切合作，所向克捷。欧阳必进、杨博、谭纶等官员坚定地为他提供各方面的支持，使其抱负得以实现。漳州、汀州的百姓一直大力支持他招募士兵抗击倭寇的计划。从朝臣、同僚到普通民众，一群立志为国的人因俞大猷而更紧密地聚拢到一起，互相帮助和支持，为明朝的稳定和发展做出了贡献。

通过俞大猷的故事，可以发现明朝并不缺少爱国者，也不缺少抵御外辱的技术与智慧，但为什么不能保证明朝边疆的长期稳定呢？这恐怕需要从明朝的整个国家体制入手去思考。当时，像俞大猷一样的众多以身许国的志士仁人将自己的抱负和才华投入相关技术的创新、抵御外辱的战斗及国家的发展中，但限于传统王朝体制的本质和缺陷，不仅使俞大猷等个人的命运饱经磨难，而且影响到了明朝国家和边疆局势的稳定。鉴古思今，我们可以更深刻地体会到：只有在中国共产党的领导下，在当代社会主义中国，每个人的智慧与能力才可以得到充分发挥，确保国家安宁、社会进步和中华民族伟大复兴的实现。

第一章　报国之志

明朝弘治十六年(1503)六月十四日，夏日的阳光洒在福建泉州府晋江县濠格头村的俞家祖祠中。一名军官装束的男子兴冲冲地走进祠堂，他叫俞原瓒，是泉州卫所的一名百户。原来，他的儿子刚刚出生，便急忙赶到祖祠向先祖报喜，祈求先祖的保佑。

小贴士

卫所：明朝地方军事机构。卫是卫指挥使司的简称，所分千户所和百户所。明朝自京师至地方皆设有卫所，5600 人为一卫，1120 人为一千户所，112 人为一百户所。卫的长官有指挥使、指挥同知、指挥佥事等。千户所的长官为正、副千户，百户所的长官称百户。卫所中的军官和普通士兵均为世袭。

俞家在泉州的先祖可追溯至明初的俞敏。俞敏于元朝末年加入朱元璋领导的起义军,明朝建立后成为泉州卫前千户所下辖的一名百户。想到祖先为建立大明朝和守卫边疆所立的功业,承袭百户职位的俞原瓒很希望儿子能将这份荣耀和责任传承下去。他为儿子取名“大猷”,寄寓对儿子未来能够治国安邦的殷切期望。

俞大猷5岁时,就被父亲送入私塾。他不负父亲的期望,认真念书,从小就树立了造福一方百姓的理想。9岁时,他跟父亲去叔祖家,途经濠溪,看到溪上的渡桥因为失火被毁,便不假思索地对父亲说:“我长大后一定要重修这座桥,让人们不再因渡河艰难而烦恼!”后来,俞大猷捐出自己的俸禄修建了一座石桥。直至今天,这座桥还矗立于濠溪之上。每逢夏日,乡民一边在桥两端的榕树下乘凉,一边给后辈讲述俞大猷的故事。

父亲经常驻守外地,少年时代的俞大猷多和母亲一起生活。朝廷每个月发给俞家一定数量的布匹、棉花和粮米。这是父亲担任百户的酬劳,也是俞家的主要经济来源。父亲的收入用来养家并不丰足,还时常被拖欠、克扣,使俞家的生活较为艰辛。平日里,母亲要编织妇女所需的发网补贴家计,俞大猷侍奉在母亲身旁,一边诵读诗书,一边等着将编好的发网拿到市场上换取生活用品。

生活虽然艰辛，但俞大猷读书从未懈怠。他经常向老师王宣与黄光蟠请教问题，深得老师喜爱。黄光蟠曾私下里对他的弟弟、俞大猷后来的好友黄光昇说：“俞大猷为人镇静沉着、宠辱不惊、心怀大志，未来必定大有作为。”15 岁时，俞大猷考上了秀才。

为了给俞大猷提供更好的教育，俞家迁往了泉州府。明代的泉州不仅是一个重要的海外贸易港口，有发达的商业，而且文化昌明，汇集了不少学者。理学家蔡清就在泉州讲学。他以《周易》之学名闻天下，是“清源学派”的开创者和代表人物。蔡清有三名杰出的弟子王宣、林福、赵本学，均是俞大猷的授业恩师。

小贴士

清源学派：明代理学家蔡清创立的理学流派。蔡清(1453—1508)，字介夫，号虚斋，福建泉州人。成化二十年(1484)进士，官至江西提学副使。推崇朱熹之学，一生讲学不辍。尤精《易》学，著有《四书蒙引》《易蒙引》等。他与林希元、李廷机等在泉州开元寺结社研究《易》学，合称“清源治《易》二十八宿”，形成了著名的清源学派，在明代理学史上有较大影响。

王宣、林福、赵本学三人均向俞大猷传授《周易》，但各有侧重。王宣重点讲解古今治乱兴衰的事迹，林福主要讲述忠孝仁义的道理，赵木学侧重讲述兵家奇正虚实之术。俞大猷将三位老师传授的知识融会贯通，并在此基础上加以阐发。

俞大猷出身官将之家，自幼就对军旅之事有浓厚的兴趣。赵本学十分欣赏俞大猷刻苦钻研的劲头，将自己写的阵法著作《韬钤内外篇》与家传的太祖拳法倾囊相授。后来，俞大猷将老师的《韬钤内外篇》与自己为进一步阐释老师理论而著的《剑经》等合编为《续武经总要》一书。

小贴士

《剑经》：俞大猷写的武术专著，以棍法为主，兼及阵法、射法，对武学原理与应用作了精辟阐述。该书提出的“顺人之势，借人之力”等技术理论，不仅适用于棍法，而且成为后来各家武术所吸取引用的共同原则，并对明朝的整军备战和御寇安边有重要影响，被戚继光赞为“千古奇秘”。

课业之余，俞大猷与朋友散步于清源山中。在清源山虎乳泉西侧有一块巨石，表面如刀削一般，极难攀登。俞大猷每天都会来此跳跃攀援。亲友总劝他不要这样，以免跌伤。他每次都正色说道：“大丈夫应当胸怀大志，我要借此巨石练就豪胆，以后在战场上抵御外辱，保家卫国！”这块巨石后来被称为“练胆石”。俞大猷训练士兵时，也将习武与练胆结合，训练出了一支骁勇善战、威震疆场的“俞家军”。抗日战争后期，泉州人林骚为缅怀俞大猷抵御外辱的功绩，寄托自己早日将日本侵略者赶出中国的希望，特意作《练胆石》一诗：

石高高，胆气豪。上石下石如猿猱，朝练夕练日几遭。腰悬双宝刀，斩鲸碧海涛，邈兹小丑焉遁逃。胆气豪，石高高。

可见俞大猷抵御外辱、保家卫国的爱国精神和丰功伟绩，始终激励着后人勇敢前行。

嘉靖十年(1531)，俞原瓒病逝。29岁的俞大猷承袭了百户之职。这一时期，日本经常在东南沿海挑起争端，蒙古人在北方边境频频与明朝冲突。从小就怀揣报国之志的俞大猷开始努力练习骑射，很快便掌握了要诀，射箭百发百中。他还拜一代武学宗师李良钦为师学习武艺。李良钦融合剑法和少林棍法，创造了一门独特的棍术。俞大猷学成后，与师父拆招、练习，让李良钦大发感慨："以你学习的悟性与毅力，假以时日，定当天下无敌！"

嘉靖十三年（1534），俞大猷参加了福建武举乡试。明朝武举考试分两部分，考生首先参加本地的乡试，通过后进京参加会试。经过操行、臂力、弓马、策问、兵法等项目的考察，俞大猷得到了主考官的赏识，成为福建都指挥使司解送礼部参加会试的15名举人之一。

次年四月，俞大猷在京城参加会试。会试分骑射、步射、策问三场，在四月初九的骑射考试与十二日的步射考试中，俞大猷均取得优异成绩。十五日，他参与策问考试。策问的题目是《安国全军之道》，俞大猷的回答得到了参与试卷评阅工作的李邦直的赞赏。十七日早晨，在兵部门外的榜文上，俞大猷欣喜地发现自己以第五名的优异成绩中式。十八日一早，他与众位武举会试中式者被引导至御前叩头；中午，与武举会试预事官和其他中式者一道赴中军都督府参加会武宴。会武宴是御赐的宴席，由内阁重臣主持，专门为武举中式者举行庆祝。在这次宴席上，俞大猷拜会了李邦直等考官，结识了众多有志于报效国家的同年友人。十九日一早，俞大猷等再次进宫谢恩。之后，明朝升俞大猷为泉州卫前所署正千户，主管金门守御千户所。

明郑若曾《筹海图编》卷一三载骑射图

（采自《影印文渊阁四库全书》第584册，台北商务印书馆1986年版，第435页）

金门守御千户所在当时的泉州同安县十七都，隶属于永宁卫，是滨海要冲，辖区内的官澳、料罗、乌沙等地是阻止倭寇、海盗侵犯内地的要道。接掌金门守御千户所，不仅是俞大猷首次独立管理一地，而且是他守卫明代海疆前线的开始。

明万历间绘本《泉州府舆地图说》载金门所图

俞大猷上任后，十分注重对民众的教化和民间纠纷的处理。在他看来，海防不只是加强军事建设，还包括对民众的教化和治安管理，借以减少边防的不稳定因素。当时金门诉讼繁多，以往官府多乘机索贿受贿，随意判案，民众多有怨言。俞大猷遇到诉讼，都是先去拜访在当地民间有威望的长者，请他们协助调解。调解不成，便于每月初一和十五亲自处理，听取是非曲直后，当众宣判，使诉讼双方基本上都能接受。俞大猷还重视教育。他在金门设立学校，延请名师执教其间，自己也时常为学生讲授《周易》。讲学之余，他常至南盘山吟诗观景，并题写“虚江啸卧”四字（俞大猷自号“虚江”）。后来，他的学生杨宏皋出任金门守御千户，在山上修建了一座“啸卧亭”，以纪念俞大猷在金门的政绩。“虚江啸卧”成为著名的“金门八景”之一。由于俞大猷认真对待百姓的诉求，用忠孝礼义等对民众加以引导和规范，改变了当地原本剽悍的民风，社会日益稳定。金门百姓称颂俞大猷为“俞佛”。

俞大猷还对军队严加训练，亲自向部下传授棍法，并激发其报国之志。时任俞大猷属官的许福，在倭寇侵扰中国时，率领家乡百姓抗倭，减轻了当地驻军的压力。邵应魁曾向俞大猷学习武艺，嘉靖二十六年（1547）成为金门首位武举中式者。嘉靖三十四年（1555），他跟随俞大猷在浙江平望桥畔歼灭众多倭寇，之后又屡立战功，升任永宁卫指挥使、福建都司署都指挥佥事等。

金门管辖的官澳地区形势复杂，常有海盗出没，严重影响了金门地区的社会安定与明朝的国土安全。俞大猷为了解决官澳盗贼，向长官佥都御史陈伍山进呈了两封文书，指出了当时军队的种种弊端，提出了解决官澳海盗的具体方案。陈伍山不仅对俞大猷的建议置之不理，而且轻蔑地对他说："你只不过是一介武夫，有什么资格给我提意见？"随即将俞大猷革职。闻听此讯，金门百姓都很伤心，特意为俞大猷建立了生祠，以纪念他在金门的政绩。

嘉靖十九年（1540），38岁的俞大猷回到家中。虽然被免职，但他报国之志不减，依旧关心国家边防事务。随着蒙古多次侵扰明朝北疆，朝廷下诏选拔天下将才。嘉靖二十一年（1542），俞大猷看到朝廷的诏令，高兴地说："终于等到了我实现报国之志的时候！"当时，福建巡按徐宗鲁正召集各官司选拔将才，俞大猷因为素怀报国之志，平日里认真思考边关事务，对兵法又十分精

俞大猷石雕像

通，所以获得了徐宗鲁等官员的大力荐举。到京师后，俞大猷结识了福建籍的官员邱养浩。邱养浩十分佩服俞大猷的本领与见识，在食宿上为他提供了许多支持。兵部尚书毛伯温、兵部侍郎杨博和程文德等官员在考察各地推荐的人选后，一致认为俞大猷堪当大任，于是特意命他先到负责北部边防的宣大总督翟鹏处效力。翟鹏对俞大猷礼遇有加，二人常常秉烛夜谈。嘉靖二十三年(1544)回京后，经毛伯温、翟鹏、邱养浩等举荐，俞大猷被正式任命为汀漳守备，署指挥佥事(正五品)。

俞大猷自 38 岁被革职后，直到 42 岁才重获朝廷任用。在这段仕途失意的日子里，俞大猷没有气馁，而是在逆境中积极准备，勤于思考，善于总结，并不断磨练自己，提升自身能力。后来他抓住机会，重新获得了朝廷的任用。这些品质也是俞大猷后来在抵御外辱的过程中能够建功立业的重要因素。

第二章 弥乱两广

嘉靖二十三年(1544)季夏,一群官员等候在福建汀州武平千户所(今福建省武平县中山镇)城外,准备迎接汀漳地区的新任守备俞大猷。有人好奇地说:“我听说这位长官前任金门守御千户,还被贬了职,怎么突然升到守备一职,管咱们汀漳之地?”有人故作高深地说:“你不知道啊,这位长官的老师是蔡清先生。前两年朝廷选拔将才,咱这位守备得到了兵部几位长官的联名荐举,后台深不可测啊!”也有人担心:“不知道这位长官对下属怎么样。”

“笃、笃、笃……”缓慢又低沉的马蹄声让议论的人群安静下来。众人知是俞大猷到了,赶忙排列整齐,手上虽是整理衣冠,眼睛却紧盯着马背上那名军官。只见那军官身着朴素的衣服,四十岁出头的样子,皮肤黝黑,相貌敦厚,目光如炬。那人下了马,操着一口闽南话向众人打招呼。众人赶忙还礼,并将他迎入汀漳守备府内。众人穿过大门、仪门，在正厅就坐。

俞大猷说："诸位，本人蒙今上恩典，出任汀漳守备之职。我是泉州卫人，初来汀漳，还望各位对本人任内要务不吝赐教。"一名官员答道："都指挥，这守备之职正式设立于宪宗皇帝时，受福建南部参将辖制，营内有 517 名士兵听候您的调遣，每年全营饷银 39036 两。"另一人接着说："都指挥驻扎的武平千户所，地处福建、江西和广东交界。群山之中，多有盗贼出入，与您在金门治理海盗不同。此次您的要务之一是平定山中的盗贼。您平日里需调动武平、上杭等地卫所士兵，维护武平境内从象洞悬绳峰至蟠龙冈郑家坪之间的安定。"问答之间，天色已晚，众官员纷纷告辞。

送走众人，俞大猷独自在房内踱步。他从正厅经耳房，入穿堂，过后堂，已转至大门，抬眼一望，大门硕大的匾额上题着"守备行司"四个大字。他心中一动，沉思道："此地处于三省交界的山峦之间，盗贼行动跨越府县。我日后需要和南部参将、汀州府和漳州府长官加强联系。这山中盗贼虽与海上强盗不同，但治理之道相同……"

从第二天起，俞大猷开始正式办公。他依然注重教化民众，经常同当地文人交游，讨论《易》学，还专门修了一间房子，取名"立马读易轩"。他将自己的武艺传授给所部士兵。在他的治理下，当地获得了前所未有的安宁。很快，俞大猷出色的政绩传到了其他地方官耳中。漳州府知府卢璧请求俞大猷帮助处理了漳州治安问题。远在闽北的福宁道分巡官也特意请俞大猷带兵北上，稳定地方。

自嘉靖二十五年(1546)起，困扰汀漳地区多年的山贼问题被解决后，福建官员越来越依赖俞大猷参与处理福建海防事务。福建沿海的海盗不仅劫掠百姓，而且时常为侵犯中国海疆的倭寇充当向导，各地官府因此非常关注海盗问题。这年五月，有海盗乘百余艘船只前往漳州诏安县劫掠。俞大猷接到漳州知府来信，立即星夜兼程赶赴诏安县。待他赶到时，海盗的大部队已登岸劫掠附近村民，

武平千户所迎恩门遗址

（位于今福建省武平县中山镇。相传立马读易轩即在其上。采自王永昌主编《中国·闽西古民居古村落影像》，中国摄影出版社 2015 年版，第 91 页）

距诏安县城仅 30 里。俞大猷身先士卒，冲锋在前，将这伙海盗赶出了诏安县。

次年年初，俞大猷受命再赴诏安县备御走马溪（今福建省东山县陈城镇西南）等处的海盗。在海上巡查时，俞大猷发现海盗正分乘 80 余艘船从北江虎头山处前来劫掠。他赶忙传令下去，命士兵严阵以待，又急派下属赶回诏安县，禁止相关水域船只出海。原来，福建沿海设有若干水寨，由把总管理。这些把总贪财怕事，常与海盗勾结，不仅泄露明军布防信息，而且在海盗劫掠时充当向导。俞大猷此次特意派人禁止一切船只出海，既可使出海百姓免受海盗劫掠之苦，又阻止了勾结海盗的把总及海盗派往诏安县的探子将情报传递出去。俞大猷趁机率众出击，将这股海盗击溃。

为彻底歼灭这股海盗，俞大猷率部众暂时驻扎在诏安县。他与士兵同甘共苦，一起吃住，带头冲锋，深受部下爱戴。每上战场，部下都能奋勇争先。五月，俞大猷率领不足百名的虎狼之士，在玄钟千户所（今福建省诏安县梅岭镇南门村）管内的蒲澳地区与海盗大战，生擒其头目康老等 80 余人，缴获海船 70 艘。在这次战斗中，有 500 余名海盗落海。有被俘的海盗说："我们纵横海上十余年，就算是朝廷设立水寨、调动大军也奈何不得我们，没想到今天败于俞大猷不足百人手中!”

俞大猷肃清诏安县海盗的事迹惊动了福建的主要官员。他们不断对俞大猷委以重任。嘉靖二十六年(1547)七月,命俞大猷赴漳州府龙溪县(今福建省漳州市龙海区)捕捉盗贼。这次,他不仅擒获了以雷士贤为首的50余名盗贼,而且严格约束手下士兵,禁止其骚扰百姓。龙溪的百姓十分感谢俞大猷及其部下,纷纷带着食物犒劳他们。与此同时,巡抚南赣汀漳的左副都御史朱纨受命巡抚浙江,提督浙、闽海防军务,以应对海盗与倭寇对中国沿海地区的侵犯。朱纨一直十分赏识俞大猷。他受命后立即向朝廷奏报俞大猷的众多战功,请求正式任用俞大猷管理海防事务。十月,泉州同安县遭到数百名流寇劫掠,县城被流寇包围。朱纨一边命令当地将官前去救援,一边紧急调遣俞大猷从后方堵截这些流寇。十一月初七,俞大猷与流贼在宋坑突然相遇,双方爆发激烈战斗。俞部不熟悉地形,人数上又不占优势,死伤了十余名士兵,俞大猷自己也身负重伤。眼看无路可退,俞大猷大吼一声,率众直冲入敌人队中,奋力击伤盗贼一名大头目、四名小头目,夺走了他们的旗帜,击溃了盗贼的前锋队伍。其余盗贼大惊,掉头逃入云岭覆鼎深林中。这时,福建都御史金城属下的一名官员诬陷俞大猷轻敌冒进。

朱纨经过调查，搞清了真相，便向朝廷力保俞大猷，并继续对他委以重任。二十日，在汇集了其他军队后，朱纨指挥俞大猷等率兵进入覆鼎深林搜捕盗贼，擒获首领汤信四等170余人，终于将这些盗贼捕获殆尽。由于朱纨等的荐举，俞大猷在十二月被任命为广东都指挥使司添注军政佥书，署都指挥佥事（从四品），离开了福建。临行前，朱纨拉着俞大猷的手说："大猷啊，福建海防离不开你，抵御倭寇离不开你啊！"俞大猷也深得地方百姓爱戴，他们纷纷为俞大猷建立生祠，篆刻碑文，以示感谢。福建

小贴士

朱纨（1494—1549），字子纯，号秋崖，苏州府长洲县（今江苏省苏州市）人，正德十六年（1521）进士。《明史》称他"清强峭直，勇于任事"，先后任职于南直隶、江西、四川、云南、山东、南赣等地。升任浙江巡抚后，严行保甲，搜捕通倭奸民，整顿海防，严禁商民下海。他对海盗和倭寇的清剿触犯了闽浙豪绅的利益，因闽籍御史的弹劾被革职后，愤而自杀。

朱纨像

名士王慎中为俞大猷作长诗送别，其中有“劈画冈峦成壁垒，指挥草木变旌旗。英威未说封侯志，感激须酬国士知”之句，可看作朋友对俞大猷报国之志的直观印象。

担任汀漳守备这几年，俞大猷在边防事务中崭露头角。他虽然只是福建南部参将手下的一名将官，却凭着卓越的才能与出色的战绩得到了负责整个福建防务的上司的重视。俞大猷将修习的《易》学与安定民众、筹划边防等事务相结合，在实践中不断完善自己关于统兵与卫边的思路与方法。在他的感召下，汀州、漳州等地的百姓纷纷投入保家卫国的战争中，成为日后“俞家军”的主要来源。在明朝外患增多、边疆局势日益紧张的情况下，俞大猷在抵御外辱中的角色越发显著。

俞大猷新担任的添注军政佥书一职，是广东都指挥使手下的一名属官，平日协助都指挥使处理相关事务，不负责各地的具体防务工作。不过由于俞大猷在汀漳守备任上政声大著，广东府县官员也希望他来帮助解决当地治安问题。早在嘉靖二十四年(1545),数伙盗贼盘踞在广东肇庆府新兴县和恩平县交界处,其中东部有照会都苏班虎等300余人以及西都、宁化都的谭元清等200余人,北部有芙蓉都的谭青蛇等400余人。他们互相勾结,骚扰当地百姓。官府对他们或征讨或招抚,效果都不显著。听说俞大猷来广东任职后,分管新兴的陈仕贤、黄大廉二人赶忙向提督两广军务兼理巡抚的欧阳必进上书,请求调派俞大猷帮忙处理新兴等境内的盗贼。

欧阳必进随即会见了广东都指挥使与俞大猷,协商抚御新兴、恩平事务。欧阳必进说:"现在新、恩两地的情况并不乐观,如果还是听任此前的官员随宜处理,恐怕只能看他们画大饼。我们对佥事的功绩早有耳闻,相信你一定能妥善解决这伙盗贼。"俞大猷当即表态:"只要有利于百姓,我自当全力以赴!"将相关事务交付按察副使黄光昇协调后,俞大猷星夜兼程赶赴新、恩二县。到达后,他从防、抚、剿三方面入手来处理两地的盗贼。

首先,组织百姓,加强防御。一到新兴,俞大猷就亲自去各处考察,制定防御方略。他大力推行保甲,将百姓组织起来,强化他们的自卫能力。他常常带足一天的干粮,骑上一匹马深入村落,了解各村推行保甲法的进展与困难,帮助百姓筹措教练和自卫所需的盔甲与器械，还亲自教练民间自卫队。在俞大猷的亲自组织与督查下，各村的自卫能力大大提高，迫使两县及周边的盗贼大为收敛，不敢再肆无忌惮地骚扰百姓。

小贴士

保甲：中国历史上的乡兵组织和乡村基层组织。北宋王安石变法，推行“保甲法”，将保甲作为维护社会治安并实行征兵制的组织。后演变为乡村行政组织。明中期，由于沿海地区治安形势严峻，各地大力编制保甲。虽然组织形式不同，但大体上采用十进制，以十户或十人编为一甲，十甲编为一保，分别设有甲长、保长等头目。它强化了明代乡村防御盗贼的能力，在教化与词讼等事务中也有重要作用。

其次，招抚盗贼。俞大猷在给欧阳必进的文书中提到：盗贼也是人，只是误入歧途，还可以慢慢教化他们从良，不必赶尽杀绝。欧阳必进十分赞赏俞大猷的想法，授予他处理新兴等地盗贼事务的一些自主权。俞大猷亲自撰写公文，分别张榜于闹市、入山路口等处，劝盗贼自首并保证不杀害他们。慢慢地，很多从前投奔盗贼的百姓回来了。俞大猷为他们签署相关证明，并向他们约法三章，严禁他们再干从前的勾当。这样一来，山中仅余一些顽固的盗贼，其整体实力大打折扣。

再次，整军剿匪。俞大猷将驻守在两县的士兵分为数队，每日操练他们攻、杀、击、刺的技能。措置妥当后，俞大猷并不直接大举进攻，而是先带领几名心腹，亲自与盗贼首领之一的苏班虎见面。苏班虎听说后，命令属下列队，弓上弦、刀出鞘，在营门外排开。俞大猷面不改色，大步进入营内，说：“我今天前来，一是劝说诸位归降，二是向各位讨教几招武艺。”俞大猷说着就伸手抓住苏班虎右手手腕，大步走向帐外一处空旷场地。苏班虎本想运劲甩开，奈何俞大猷力道非常，几次都挣脱不得，被磕磕绊绊地拖着走了一路。俞大猷站定，左手向外一甩，苏班虎登时一个踉跄，被摔倒在地。紧接着，俞大猷伸手夺过旁人手中的长棍，分开门路，将自己刺、敲、剃、劈等三十六路棍法一一施展。只见俞大猷时而大劈凶猛打下，时而剪打急起磕，起磕复急剪打，相连而进，将一条长棍使得密不透风。苏班虎为挽回颜面，抄起一把长刀照俞大猷额头劈了下去。俞大猷并不直接与刀对碰，而是将棍顺势黏在刀柄之上，沿刀柄刮削苏班虎手臂，将长刀打落。苏班虎本想拾刀后撤，但见长棍已直指自己面门。俞大猷微笑着说："本佥事这棍法还过得去吧？"苏班虎等连忙下跪，表示归降，再不劫掠百姓。

此事随即传至谭青蛇、谭元清等耳中，他们也纷纷顺势请降。谭青蛇并非真心归顺，暗地里还派人骚扰百姓。俞大猷于是召集各盗贼头领聚于一处，说："各位已弃暗投明，今后自当克己守法。谭青蛇此前久霸乡里，杀人无数，这次又假意投降，必须明正典刑！"他一边命令一名叫梁泊清的头目接管谭青蛇的部众，一边派军队肃清还在骚扰百姓的盗贼，随后亲自将谭青蛇押赴刑场正法。为了巩固战果，俞大猷还请求欧阳必进征调肇庆卫指挥聂缙及其属下千余名士兵到新、恩两地驻防，彻底平息了两地的盗贼。

嘉靖二十七年(1549)末的一天，俞大猷正在新兴县督促士兵训练，知县突然请他速赴县衙议事。原来，俞大猷离开福建后，朱纨手下无人能顶替俞大猷的位置，其中备倭署指挥使黎秀更是贪婪无比，经常放纵海盗与倭寇为患海疆。朱纨上奏兵部，将俞大猷从广东调回福建接替黎秀之职，并连派几个使者催促俞大猷赶快赴任。消息一经传出，新、恩两地百姓纷纷赶赴俞大猷在新兴的住所，请求他不要离开。他们唯恐俞大猷一走，来之不易的安定生活又被打破。俞大猷几次想奉命离开新兴，都被赶来的百姓拉扯住衣襟，送回住所。俞大猷只得趁着夜色，独自一人从一条小道离开。

回到广州，俞大猷正打算办理好交接后即行赶赴福建，忽听家人来报，欧阳必进、两广地方总兵官和广东监察御史黄光昇等前来拜访。欧阳必进等不待坐定，就说："佥事暂且缓行，朝廷新的人事任命将在几日内送达。我们另有要事与你相商。"原来，就在新、恩两地百姓阻拦俞大猷离开时，两地官员、士绅、学生、百姓纷纷联名上书，请求朝廷让俞大猷留任。欧阳必进此时也面临一道棘手的难题，亟须俞大猷去处理。

该难题就是如何抵御安南（今越南）范子仪对中国两广地区的侵犯。当时安南的朝局出现动荡。嘉靖二十二年（1543），安南统治者莫登庸病死，其孙莫福海继位。嘉靖二十五年（1546）莫福海卒，五岁的儿子莫宏瀷继位，大权落于莫登庸义子阮敬和女婿莫敬典手中。安南将军范子仪起兵拥立莫登庸的次子莫正中继位，但在与阮敬等的斗争中失败。莫正中带着家人投奔明朝，被安置于钦州。范子仪率领数万部众驻扎在中越边界的万宁州（今广西壮族自治区东兴市东北）春兰社。范子仪并不甘心失败。他诡称莫宏瀷身亡，要强行接莫正中回安南继续争斗，还侵犯中国的钦州、廉州（今广西壮族自治区合浦县）等地。

嘉靖二十七年（1548）六月十八日，范子仪部越过边界线，在钦州南部将明朝勘事指挥孙正抓去，还打死一名军官，砍伤两人，随即退回万宁。此后范子仪愈发猖狂。他将部众分为几队，各率数十艘船，出入明朝钦州、廉州各港口，劫掠百姓，抢夺附近村落的官粮。欧阳必进等急忙调整当地防御体系，加派兵力。明军分散于钦州各地后，因机动人数较少，作战能力不足。范子仪的部众借助钦州等地的海道与士兵数量上的相对优势，常能一天之内劫掠多个地方。在发现明朝官兵战力低下后，范子仪越发猖狂，从之前仅派兵劫掠沿海附近村落，逐步向城郭逼近。嘉靖二十八年（1549）正月十二日凌晨，范子仪派四五千人包围了钦州城，将城周边的坊市全部烧毁。范部连攻钦州城三日不下，才逐渐退去，归途中又大肆烧杀劫掠。

明朝在确定莫宏瀷继位合法后，立即命令两广地方官府积极备战。欧阳必进等十分焦急，因为他们深知只有俞大猷才能挽回当前的局面。黄光昇就对欧阳必进说："两广将官没有比俞大猷能力更强的。虽然俞大猷已有新的任命，但还被阻留在新兴县。您需要马上向朝廷报告，并让俞大猷先留下来。”于是欧阳必进不顾朱纨所派使者的轮番催促，急忙与黄光昇和两广地方总兵官等一同上书朝廷，力争留下俞大猷，并立刻来找他商议对策。俞大猷对于安南之事并不陌生。之前明朝与安南发生冲突时，尚在金门任职的俞大猷就曾上书兵部尚书毛伯温，提出自己的作战方略。听完欧阳必进等的介绍后，俞大猷说：“请诸位大人放心，卑职一定尽心尽力剿灭安南范子仪部，不让其随意侵犯我们！”

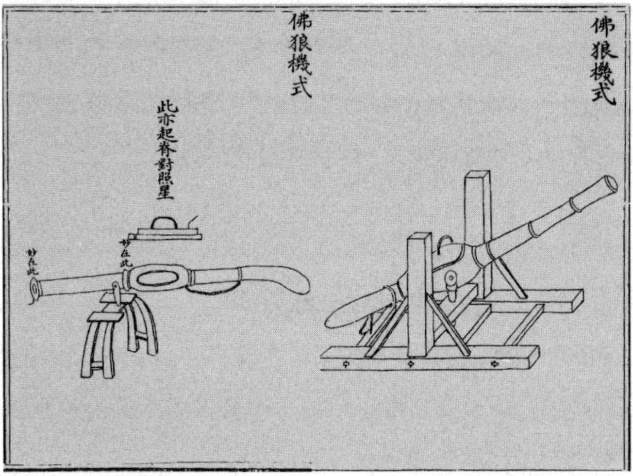

明郑若增《筹海图编》卷一三载佛郎机火铳图

（采自《影印文渊阁四库全书》第 584 册，台北商务印书馆 1986 年版，第 422 页）

俞大猷向欧阳必进提出了几项建议：首先，向邻近钦州的雷州府等地拨银一万两，令当地官员向商人购买军需粮草，同时做好收支记录，以备事后核查。其次，请速差人调来数十把佛郎机火铳。火铳对海战十分重要。在敌船乘着潮水侵入港湾时，只一发火铳便可将船击沉。再次，安排各地加紧生产常用武器。俞大猷举荐了邹继芳、张裕、范德荣等分赴各地，管理兵器的生产与分拨事务。最后，从福建漳州招募三五百名藤牌手，专充俞大猷的亲兵卫队。这些人曾受俞大猷亲自训导，不仅胸怀报国之志，而且武艺很好。欧阳必进一一应允了俞大猷的建议。不久，朝廷新的任命也到了，让俞大猷留在岭南任职，专驻廉、钦操练水军，捉捕范子仪部众。

小贴士

佛郎机火铳：由葡萄牙传入的子母式后装火炮。中国的火铳由宋代竹火枪发展而来，是一种金属管型射击火器。明正德十二年(1517)，佛郎机火铳传入中国。该火铳采用子母式结构，即一门母铳后膛敞口中装有5至9门子铳，交战时可轮流填放子铳的弹药。嘉靖二年(1523)，明朝开始仿制佛郎机火铳并将其投入实战，大大提高了明军的战斗力。

俞大猷从广州赶赴廉州，同广东布政司左参政沈应龙、廉州知府胡鳌等共议破敌。嘉靖二十八年（1549）二月二十七日，范子仪又派兵骚扰钦州城。俞大猷等连忙调兵支援，并要求钦州参将冯文焯出城策应。连战数日后，他们击退了这股入侵的安南兵。俞大猷随即考察了当地地形，发现廉州府城南、冠头岭（今广西壮族自治区北海市区西南）以北的一处海湾适宜战船停泊，且不易被人察觉，便命令从东莞、新会等地来的460艘兵船、5600余名水兵埋伏于该处，等待战机。廉州知府胡鳌上书欧阳必进等，批评俞大猷逗留不进，会降低士气、耗费钱财。俞大猷坚持自己的策略，不为所动。欧阳必进等也认为俞大猷肯定有所规划，驳回了胡鳌的意见。为给援军争取更多的时间，俞大猷在四月派藤牌手陈子萃、王士擢到范子仪营下文书。他在信中说："莫正中是奉皇帝的旨意安置于钦州，绝不允许你擅自带回。你们再强行攻城，我就会奏明朝廷，将莫正中明正典刑。你们不如暂且撤退，听候发落。"范子仪见一时攻不下钦州城，也打算趁机集中兵力，于是暂时撤兵。

五月初五，钦州知州黄希白飞书来报，范子仪部正突入钦州龙门水域，劫掠沿岸永乐等村。俞大猷立刻率领麾下指挥官徐浚、孙敏及各哨所的千户、百户驾船赶赴钦

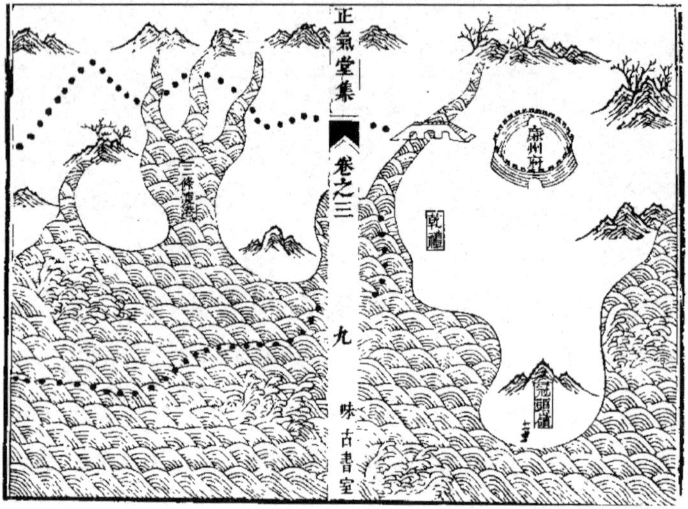

俞大猷绘《交黎水陆道路图》中的廉州海域，其中标有冠头岭

（采自俞大猷《正气堂集》卷三，清道光间味古书室刻本，第 9 页）

州，沈应龙等率军从陆路赴援。由于明军主力均隐藏于冠头岭北，范子仪部并未侦察到他们，因此也未加防范。七日申时，俞大猷赶至龙门海口。徐浚回报，称安南船队正在劫掠钦州附近的凤凰江白勒港处村落。龙门海口内水道众多，范部很容易从其他地方分散逃出。俞大猷下令留一队大船把守龙门海口，其余船队分作十哨，谢昌言、李芳等八人各领一哨由八个小港进入，徐浚、孙敏各领一哨由左右两个大港进入，他自己督领中军从中部港

湾进入，沿途搜捕其余安南兵。各队于十一日申时会合于凤凰江口，向前来邀战的安南战船一齐进发。范部看到俞大猷率领的战队突然堵住了自己的归路，且明军气势强盛，只能退回白勒港内。

当时天色已晚，范部全都被明军截堵在白勒港口中，已无处可退。俞大猷将战船分为三组，将白勒港口层层围住，要求各哨船队严加防范安南船队突围。安南船队果然趁夜色屡次挑衅，试图趁乱逃跑，但均未能得逞。二十日一早，俞大猷指挥各船队统一进发，捉捕范子仪部众。明军将士奋勇杀敌，斩获多名安南高级将领，缴获 42 桨至 28 桨战船 28 只，26 桨至 18 桨战船 84 只，16 桨以下战船 67 只，小木槽船 10 只。残余安南士兵看到无法在水战中逃脱，纷纷弃舟上岸，遁入山林。俞大猷命令徐浚、谢昌言等率领士兵上岸继续搜捕，又相继擒获不少安南兵。接到捷报后，欧阳必进十分高兴，以为此后可平安无事，于是下令除东莞军队外，其余军队均调回。俞大猷在钦州接到命令后，说："范子仪部未伤元气，一定会再次大举进攻，到时我们将会无法防御。我宁可违背长官的命令，也不能贻误军机，使广西民众再遭劫掠！"于是他交还了欧阳必进的命令。欧阳必进起初十分生气，既而说："他这样做一定有其道理，姑且听他的。"

五月战后，范子仪部损失惨重，船队几乎覆灭。他们见情势危急，决定孤注一掷，进行军事冒险。七月初二，范子仪亲率水陆军队再次进犯钦州。俞大猷亲督战船与陆兵，太平府（今广西壮族自治区崇左市附近）通判戴懋率领招募的当地士兵一齐从龙门进发。俞大猷的船队很轻易地冲垮了范子仪所剩无多的水军，明军趁势追击，于十三日辰时追到思勒地区（今广西壮族自治区东兴市江平镇附近）。该地由范子仪的弟弟范子流率精兵把守。范子流见明军刚刚登岸，立刻鸣锣击鼓，指挥手下向明军扑来，准备攻其立足未稳。俞大猷见这些安南兵气势雄壮，便亲自带领手下藤牌手王奇聪的一队人马冲入敌军，直奔范子流而去。俞大猷将一条长棍使得如金龙罩体，如玉蟒缠身，霎时间已将范子流的四名贴身护卫击倒。范子流心中已慌，连忙持枪刺向俞大猷。俞大猷用棍梢推开枪头，顺势以棍尾向范子流咽喉横扫过去，顿时将他打倒。明军将士见主帅亲自上阵击倒敌军首领，士气更为高昂。明军一上午共斩首 195 名安南兵，擒获 81 人。午时时分，安南将领黎公权收整残兵，向明军攻来。俞大猷率领将士奋勇杀敌，又斩首 222 人，生擒 124 人。明军在七月先后缴获范子仪部众大、中、小各类战船共 34 只。十八日，明军追至河州地界。二十五日，明军将士追至范子仪藏身的万宁州，焚毁了他的大营。范子仪已先带着家属逃至安南内地。俞大猷派徐浚率军继续追捕。

在明军数次击败范子仪部众的同时，俞大猷也派人要求安南莫宏瀷等发兵助剿。八月，安南军队击败范子仪残部。九月初三，安南军队在山林中擒获了范子仪，将他杀死。此后，俞大猷还专门向欧阳必进上书，提出防范安南再次进犯中国边疆的防御措施。

在此次抗击范子仪部入侵的过程中，俞大猷发挥了中流砥柱的作用。俞大猷的名声传至安南，安南人均称呼他为"俞大将"。欧阳必进在上奏中极力称赞俞大猷，但明朝当时的权臣严嵩却不理会。原来，严嵩希望将自己的孙子严效忠送到欧阳必进手下当差，以便在朝廷对立功将士的奖赏中分一杯羹，被欧阳必进拒绝。严嵩很不高兴，在给欧阳必进等官员下达的文书中说："这次范子仪之乱，全是你们防守不力导致的，现在取胜只不过是将功补过而已！"俞大猷最后只是获得了白银 50 两的奖赏。

嘉靖二十九年(1550)三月，俞大猷被派赴琼州。九月，俞大猷升任琼崖右参将。他在琼州往来各处，亲自安抚黎族人民，为其解决生活困难，并创办学校，发展经济，得到了黎族人民的拥戴。黎族民众常常带着牛肉与美酒来款待俞大猷，甚至在家中悬挂俞大猷的画像，为他祈福。因处理黎族人民事务得当，俞大猷在十一月被实授都指挥佥事。

此时，俞大猷已经成长为一名有较高知名度的将领了。从福建到广东，他虽然还不是一省的最高军事指挥官，却在多次平乱中发挥了关键作用。在成功清剿盗贼、抵抗安南范子仪入侵后，俞大猷开始参与到影响更大的抗倭战斗中。

第三章　浙东抗倭

14 世纪中后期，日本南北朝对立，各股政治势力互相攻伐，社会动荡不安，加之干旱、台风、瘟疫、洪水等自然灾害频发，粮食大量减产，众多武士、浪人（流亡海上的败将残兵）和破产农民难以谋生，便不断侵扰劫掠中国沿海地区。中国将这些入侵的日本海盗及与之勾结的中国奸民通称为倭寇。

从元末开始，中国沿海的辽东、山东、浙江、福建与广东等地屡遭倭寇侵掠。明朝建立后，在通过朝贡贸易强化与日本和平往来的同时，也不断完善海防体制。明前期以近海为防御重点，逐步建立了海上水寨与沿海卫所相互配合的海陆联防体系，有效应对了中国海盗与倭寇对边疆安全的冲击，使倭寇没有成为东南沿海的严重祸患。到了 15 世纪中叶，中日官方贸易主导下的和平经贸关系被逐步破坏，倭患随之加重。

小贴士

朝贡贸易：传统中国与周边政权和外国之间以朝贡形式开展的一种官方贸易。周边政权或外国带着各自的特产向中国“朝贡”，中国以厚往薄来的原则“回赐”使团，对方可获得丰厚的回报。明代在宁波、泉州等处设有市舶司，管理日本等国的朝贡船队“遣明船”与海外贸易等事宜。市舶司要查验使团的贸易许可证及是否按规定年限前来。

首先，日本国内的权力斗争极大地影响了中日两国之间经贸往来的正常开展，导致其向明朝的朝贡贸易断绝，倭寇再次肆虐中国沿海。日本国内被称作大名的封建领主越来越脱离幕府的管理。大名们互相攻伐，干涉幕府事务，形成以细川氏为代表的关东集团和以大内氏为代表的关西集团。两大集团与依附于他们的商人均垂涎从朝贡贸易中获得的收入，因此极力增加受自己控制的遣明船数量。随着各大名间的斗争加剧，细川氏、大内氏均先后排挤掉了对方经营遣明船的权利。

1523年(明嘉靖二年),大内氏独掌朝贡贸易,派出了以宗设谦道为正使的三艘遣明船。同年,细川氏获得了已过期的贸易许可证(当时叫“勘合”),也派了一艘遣明船,正使为鸾冈瑞佐,副使为宋素卿,在大内氏船队到达数日后也抵达宁波。宋素卿贿赂了负责接待使团的明朝官员,得以率先交付贡物,在宴会上受到的礼遇也高于宗设使团。宗设极为不满,当场杀死鸾冈瑞佐,烧毁细川船,并率部攻击宋素卿。他还俘虏了宁波指挥使袁琏,在宁波到绍兴一线烧杀劫掠。明朝地方官派兵拦截,被宗设的队伍打败,备倭都指挥刘锦、千户张镗、百户胡源战死。这就是中日关系史上著名的“争贡之役”。明朝要求日方惩办宗设等人,放回被掳中国官民,缴还旧有勘合,遵守两国所订条约,如此方许换给新勘合,继续贸易。日方没有答复这些要求,致使明朝不仅断绝了与日本的贸易,而且申严海禁,禁止民间私下贸易。日本一些有势力的大名、武士与商人为了维持自己的财路,转而通过走私与直接劫掠来获得中国沿海地区的财富。

其次,倭寇与中国沿海的海盗等走私势力互相勾结,劫掠中国百姓,危害明朝的海疆安全。倭寇诚然以日本人为主,但也不乏中国海盗。早在朱元璋初创明朝时,为了打击倭寇与逃亡海上的张士诚、方国珍余党,就屡次颁布海禁条令。此后中日民间的贸易往来除走私外，多在朝贡贸易的名义下进行。直到正德年间(1506—1521)，明朝才承认了民间贸易的合法性。争贡之役后，明朝厉行海禁，既使日本此前的遣明船转作走私船，又使部分此前从海外贸易中获利的中国商人被迫开展走私活动。这些商人组织了大规模的武装力量来保障自己的走私贸易与劫掠活动，并和部分地方豪强、山贼一起，与倭寇勾结，充当入侵的向导，代表人物包括王直(或作“汪直”)、李光头、许栋、徐海、陈东、麻叶等。

王直在其中最为有名，甚至被后人视为“倭寇主谋”。在明朝申严海禁后，王直开始经营悬居外海中的双屿港，试图将该港口建成中外私商海盗的巢穴和走私贸易的据点。自1543年始，王直招诱日本、葡萄牙等国商人进行贸易。中国的铜钱和丝绵、日本的白银和描金盒子、东南亚的香料等物品均汇集此地，仅葡萄牙人一年的贸易总额就能达到300万葡元以上。王直等还暗中勾结沿海的地方豪强，以突破官府对其的围剿。通过中国海盗的引导，日本各方势力获得了比派遣遣明船更高的收益，愈发依赖于走私。中国海盗由此与倭寇合流，江、浙两地的倭患日渐加剧。他们入侵内地的规模日益增大，时间逐渐变长，破坏程度不断加重。时人钱薇有一首《血泪歌》，可见被倭寇劫掠后的惨状：

端阳五日与六日，四郊烟焰运云高。
红巾填塞秦溪野，劲枪毒矢杀气豪。
此时哭声动天地，横山积血成波涛。
少妇污蔑触白刃，婴儿中塑娘同刀。

明无名氏绘《抗倭图卷》(局部)

(倭寇劫掠百姓的场景。采自中国国家博物馆编《中国国家博物馆馆藏文物研究丛书·绘画卷·历史画》，上海古籍出版社 2006 年版，第 64 页)

小贴士

双屿港：位于今浙江省舟山市六横岛，地处沿海要冲，因岛内有上、下双峙屿而得名。港中水口相通，又有小山障蔽，故利于走私交易和战守。自嘉靖初，闽浙商人与葡萄牙、日本海商在此大肆进行走私交易，规避市舶司税额，使该港一度成为东亚最大、最繁华的国际贸易港，甚至被后世日本学者誉为“十六世纪之上海”。嘉靖二十七年(1548)被捣毁。

再次，明朝海防体系被破坏与明朝内部的权力斗争增加了中国抵御倭寇斗争的复杂性，间接加剧了倭寇对沿海民众生命与财产安全的侵害。到明中期，卫所的衰败迹象已经显露。士兵数量普遍不足原额，仅在正统三年(1438)，逃亡兵卒已达 120 余万人。留守本卫所的士兵也多为老弱病残，战力低下。军官贪污腐败，时常私役卫所士兵，克扣他们的月粮。至嘉靖二十六年(1547)，铜山所(今福建省东山县东铜陵镇)欠发月粮 20 个月，泉州、高浦(今福建省厦门市同安区西南)等所欠发 11 个月。明军在战备上也有诸多问题。铜山寨、玄钟澳原定各有战船 20 只,后仅存 1 只和 4 只。武器质量上,倭寇所用刀、弓均胜于明军。一次战斗中,倭寇只一刀就将明军十余杆枪一齐斩断。在这种情况下,沿海卫所无法与海上水寨互相应援,水寨被迫内迁。这增加了各地明军出海互相支援的难度,还使倭寇获得了进犯内地的跳板。倭寇、葡萄牙海商和王直、许栋等海盗依托双屿岛等地,对中国沿海地区大加剽掠,杀害官兵和百姓。到了嘉靖朝,倭寇为祸越演越烈,明朝在东南沿海的统治面临着失控的危险。

嘉靖二十六年(1547)七月,在内阁首辅夏言的支持下,朝廷命朱纨以都御史衔巡抚浙江,兼管福建福州、兴化、漳州、泉州、建宁五府军事,以强化海防。朱纨到任后厉行海禁。自嘉靖二十七年(1548)二月起的一年间,朱纨率福建都指挥卢镗等将领捣毁了浙江双屿港、福建走马溪等走私据点,处死了李光头、张珠等头目,使走私势力遭受重创。但是,朱纨厉行海禁与打击走私的措施切断了沿海豪绅大族的通番之利。他们想方设法阻挠朱纨政令的推行,有的通过给倭寇通风报信来破坏朱纨的军事行动,有的造谣诬陷朱纨所抓的均是当地守法富民或外来合法商人,更甚者则勾结朝中闽浙籍的官员弹劾诽谤朱纨。被处死的张珠是福建地方官张德熹的叔叔。为报复朱纨，张德熹找到了同为福建人的御史周亮，请他上书弹劾朱纨，使朱纨的兵权被削夺。

清徐璋绘徐阶石刻像

嘉靖二十七年（1548）十月，夏言在与严嵩的斗争中失败，被革职处死。由于严嵩不赞成厉行海禁，朱纨失去了朝中的支持者。嘉靖二十八年（1549）四月，朝廷将朱纨革职查办。朱纨闻讯后含恨服毒自杀。

朱纨之死极大地影响了明朝的海防形势，导致海禁大弛。此后，明朝不再设立巡视大臣，朝中官员也不敢再提海禁等事。朱纨重整的海防力量随之消散，浙、闽等地在备倭事务上重新各自为政。王直等绝处逢生，得以在浙江舟山群岛的烈港（今浙江省舟山市定海区金塘岛）和岑港（今浙江省舟山市定海区岑港镇）、福建晋江的围头（今福建省泉州市晋江区金井镇围头村附近）和安平（今福建省泉州市晋江区安平港附近）等处重设走私基地，加强与倭寇的勾结。为祸十余年的"嘉靖大倭寇"最终形成。俞大猷后来不无感慨地说，如果朱纨不死，“沿海之奸徒，岂敢出入倭国？”

严嵩上台后，沿海地方官府对王直等海盗采取绥靖政策。在之后的两年间，明朝利用王直剿灭了更为跋扈的卢七、沈九和陈思泮两伙海盗，但也让王直借机收编其余海盗势力，壮大了自己的力量。嘉靖二十九年（1550），明朝北部边疆爆发严重危机。嘉靖帝在西苑召对内阁辅臣，咨询对策。首辅严嵩毫无应对之策，却忌妒次辅徐阶从容献策，担心自己失去皇帝的宠信。这次召对后，严嵩一党借东南倭患再兴，极力谋取军功，以求巩固皇帝的信任。明朝的海防政策因之转趋强硬。

小贴士

内阁：明代国家最高行政机构。洪武年间，朱元璋废除丞相制度，设置文渊阁等殿阁大学士，充当皇帝侍从顾问。明成祖即位后，以翰林院编修等官入阁当值，参预重要机务。因文渊阁地处内廷，阁臣常于殿阁侍奉皇帝，故称内阁。入阁诸臣称学士或大学士。明中叶后，主持阁务的大学士称首辅，余称次辅，负责起草诏令，票拟批答，权力很大，六部如同其属吏。

嘉靖三十一年(1552),倭寇大肆劫掠宁波、绍兴、吴淞、崇明等地,游仙寨(今浙江省象山县丹东街道赤坎村)百户秦彪、瑞安县百户李潮和高良等均战死。明朝官员纷纷上言,认为在朱纨之后海防事务缺少统一管理,导致

明无名氏绘《太平抗倭图轴》

(嘉靖三十一年太平县官民抗击城外倭寇的景象。采自中国国家博物馆编《中国国家博物馆馆藏文物研究丛书·绘画卷·历史画》,上海古籍出版社2006年版,第53页)

倭寇猖獗。这年七月，明廷任命都御史王忬提督军务巡视浙江，兼管福州、兴化、漳州、泉州地方。王忬到任后，任用俞大猷为左参将，分守浙江宁、绍、温、台等处；汤克宽为右参将，分守福、兴、漳、泉等处。

随着地位提高，俞大猷受到的关注越来越多，个人命运不可避免地会受到朝中政治角力的影响，但俞大猷从来都是一心一意为国家抵御外辱，也正是如此，才越发体现其坚定的报国之志。他后来蒙受不公时，曾对友人王慎中说："我虽受不公待遇，但报国之志从未改变。时局如此，我又不想阿附当权者。以前地位不高，一些事尚且应付得了，如今万万不能了。"

十月初，俞大猷收到了新职务的任命状。他随即离开崖州，经广州向浙江进发。他深知此次责任重大，于是一面派人到福建等地打探海盗与倭寇的消息，一面挑选了 30 余名熟习海战的家丁随他一同赴任。在路上，他接到了王忬的文书。王忬一面催促他赶紧赴任，一面征求他关于海战的建议。俞大猷在回文中称海战的要诀是"大船胜小船，大铳胜小铳，多船胜寡船，多铳胜寡铳"，并根据自己在福建的海防经验与卫所衰败的实际，向王忬提出了如下建议：雇募福建福清县、龙溪县、玄钟所等处的大小船只；调福建永宁卫指挥张文昊、泉州卫指挥邓城至龙溪县的嵩屿(今福建省厦门市海沧区附近)、月港、林尾(均今福建省漳州市龙海区附近)等处招募能征善战的海战兵长,再由这些兵长各招募兵夫50人。

王忬对俞大猷的建议十分重视,立即派人到沿海各地打造兵船。当年年底,苏松一带每处港口都有了百余艘兵船。为了弥补卫所士兵战力不足的缺陷,王忬还派人从广东新会招募了3000名英勇善战的木牌手。俞大猷进一步向王忬建议:苏松与两浙形势不同,只要有一大队战船停泊于宝山(今上海市宝山区),平时在太仓与吴淞之间巡视,就足以威慑倭寇,而两浙诸多水道均可达内陆,仍需多雇募士兵和战船;招募各地士兵时,不仅可以在广东新会续募7000名木牌手,而且可从福建泉州府、上杭县、永定县(今福建省龙岩市永定区)、诏安县等地招募能征惯战的乡兵;平时对士兵勤加训练。

嘉靖三十二年(1553)正月二十一日,俞大猷一行抵达江西玉山县。家丁陈俦带来了王忬的命令,要求俞大猷在家乡招募200名能征惯战的水兵。次日,驿站又送来了王忬新的命令,要求他增募100名水兵,并继续催促他快些到任。俞大猷在沿途听说朝廷要出兵剿寇,赶忙不分昼夜地疾驰入浙。进入浙江后,他得知汤克宽到了温州府,遂打算取道温州与汤克宽先行见面。二十八日,行至处州时，俞大猷再次接到王忬的命令，要求他准备领兵征剿王直、毛烈等海盗。俞大猷当即前往宁波，会同当地官员筹划征剿事宜。

俞大猷认为，招抚王直绝不可行，那样只会纵容海盗与倭寇提出更多要求，也无法保证其不再劫掠百姓。作为一名用兵谨慎的将领，他也不赞成立即征剿王直。在他看来，明军若不能凭借以十围五的优势兵力发动攻击，无法确保获胜，而浙江卫所的士兵战力十分低下，全不可用，作战必须依赖从福建雇募来的士兵和战船。当时只有福建指挥闵溶管理的12只福建大船，作战时仅能编为一队，各船招募到的水手仅是所需数量的一半。如果将两船将士合至一船，战船数量不足；如果以浙江卫所士兵补充每船空缺，又会削弱整体的士气，故俞大猷主张等有了足够数量的士兵与战船时再进剿。

俞大猷的这一稳健建议未被采纳。嘉靖三十二年(1553)三月十八日，在巡守海道副使李文进的要求下，俞大猷与汤克宽各自驾船出海巡视。不日，闵溶率船队与他们会合。此时明军战船聚集，已无法隐藏征剿王直的意图，于是在闰三月初六，俞大猷、汤克宽等将领亲自督船向烈港进发。初七，明军船队开始按计划布防，并攻击沿途的倭寇与中国海盗的船只。按照王忬的规划，俞大

明郑若增《筹海图编》卷一三载大福船图

（采自《影印文渊阁四库全书》第584册，台北商务印书馆1986年版，第406页）

猷与汤克宽各率一支船队，俞大猷领兵由列表门（今浙江省舟山市定海区金塘岛西南）进发，直冲敌营。汤克宽率队由西后门（今金塘岛西北）进发，协助围剿，防止敌人逃走。俞大猷督领兵船埋伏在旗山附近时，并未见到倭寇船只往来。考虑到附近的渔洋海面没有岛屿可用来伏兵，他率领船队直接前往嘉兴海面，停泊于距离烈港只有一山之遥的木澳（今浙江省舟山市定海区沥港镇南），分派把总张四维屯兵龙山（今浙江省慈溪市龙山镇），黎秀屯兵霏衢（今浙江省宁波市北昆仑区附近），遥为声援。初十，200余名海盗和倭寇驾四只倭船前来挑战。这四只倭船均属于能容百人的小型船，每只船上兵力不多。俞大猷统率福建船队，先以火铳射击，再以大船冲撞，将这200余人尽数捕获。同日，前去打探的明军回报，烈港的倭寇正在装点货物，整理船帆，试图逃离。俞大猷忙率船队向烈港进发，并联系汤克宽，约他次日凌晨趁涨潮之时围攻王直。

十一日凌晨，四鼓响过，烈港之上突然火光四起，俞大猷与汤克宽合兵一处，指挥明军战船一齐向烈港发起攻击。原来在俞大猷出发时，士兵侯得和其兄弟误了时辰。按律他们本应受罚，但鉴于二人熟悉烈港地形，俞大猷便派他们悄悄潜入王直营地，放火烧营。侯得兄弟从外洋奔涉近百里，趁天色昏暗潜入了烈港。当天夜里，二人摸至烈港中的火药库外，趁着守卒还在睡觉，点起大火。火药遇火爆炸，加之明军炮火攻击，王直大营顿成一片火海。眼看前方明军即将登岸，倭寇与海盗都十分惊恐，慌忙上船迎战。这时明军八桨船上的战士已砍断了码头外栏的篾缆，苍山船上的战士将前方的排栅冲倒，其余战士驾船蜂拥而入，直取倭寇大营。

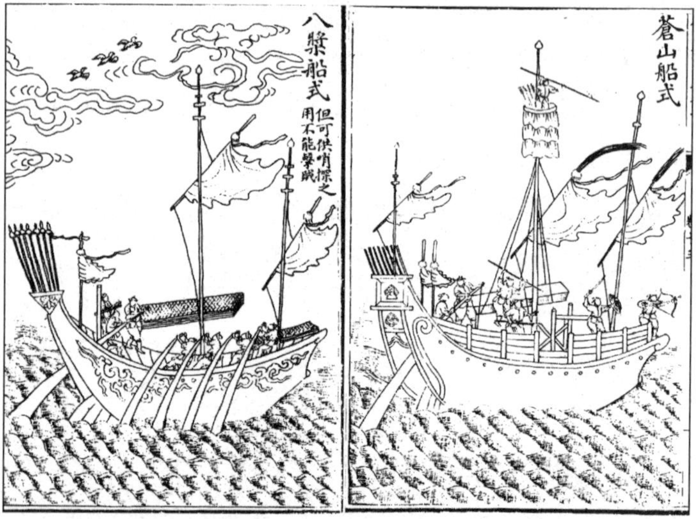

明郑若增《筹海图编》卷一三载苍山船与八桨船图

（采自《影印文渊阁四库全书》第584册，台北商务印书馆1986年版，第409—410页）

双方激战之时，俞大猷率领的几艘船只突然被敌方的篾缆缠住，无法移动。王直等见状大喜，连忙派人持长枪来攻。突然，明军中有一人身背巨斧，跳入水中去砍篾缆。他就是定海卫的军卒叶七。叶七在水中挥斧砍篾缆时，敌人的长枪刺中了他，但他还是拼尽全力，连砍数下，将篾缆砍断后，因伤重而亡。明军士兵十分悲愤，在俞大猷的指挥下，不一会儿就击溃了王直的队伍。倭寇和海盗四散逃命。

王直纠集了一些亲信，凭借火箭，几经厮杀，终于趁着夜色逃离了明军包围圈，一路向北逃往马迹潭。俞大猷、汤克宽见状，赶忙亲督战船追击。眼看即将追上，霎时间，在王直船和明军船间吹起一股飓风，掀起巨浪。王直残余的船只顺风出洋，明军船队却被狂风巨浪挡在后面，在巨浪间无处驻泊，漂浮不定。在风浪的冲击下，每艘船的船板都发出嘎吱嘎吱的声音，似乎马上就要被风浪撕裂。汤克宽急命属下取羊、猪和牛三牲数十头，并邀请俞大猷一起祭拜海神，但俞大猷只各取一样祭拜。汤克宽问他："你怎么不多拿一些呢？"俞大猷回答："我家境不富裕，怕此后无力还愿。"不一会儿，海风更加凶猛，很多士兵害怕地哭了出来，这时却传来了俞大猷爽朗的笑声。汤克宽生气地问他："你笑什么？"俞大猷道："我平日无所牵挂，今日和将军在追击敌人之时一起命丧大海，无负国家大业，岂不快哉？"船队又被风浪吹打了好一阵，直到随风漂泊至路澳地区才得以停靠上岸。

十二日辰时，俞大猷重整明军战船，追至捣杵山（今浙江省舟山市定海区沥港镇西南一小岛），但王直等已经离开。他一面派人继续向马迹潭处追击王直，一面向王忬报告此次战事："我深知地方受倭寇劫掠已久，自己也立志歼灭倭寇，不敢自爱其身。但我作为军队主帅，不能不考虑手下将士的性命。此次不能一举歼灭王直，实是我一人之过。"王忬因俞大猷率军大破烈港，不予深究，只对他与汤克宽擅自合兵略加处罚。

四月十四日，王忬来信，命令汤克宽率兵赴马迹潭追捕王直。王直在逃亡过程中又遭到俞大猷部的截击，最终只剩百余人，仓皇逃往日本平户。

烈港之战沉重地打击了王直的势力，摧毁了烈港这个走私据点，以实际行动表明了明朝以军事手段剿灭倭寇及与之勾结的海盗的决心。倭寇与海盗被迫放弃了走私贸易，越发依赖直接抢劫。王直更加恼怒，开始将日本平户作为新的基地，自称"徽王"（王直为徽州人），居中联络倭寇和中国沿海的各处海盗，在各地大肆劫掠。

面对倭寇的四处扰掠，俞大猷、汤克宽等将领必须转战各地。四月二十四日，500 余名倭寇从浙江而来，攻破临山卫（今浙江省余姚市临山镇），并趁势西进松阳县。知县罗拱辰率领处州兵正力战守城，俞大猷和都指挥刘恩至驾船赶到。倭寇见状从海路逃跑，被俞大猷斩俘 300 余人。将领们虽能取得不错的战绩，但面对沿海数千里同时告警，实在是分身乏术。到七月，江南等沿海富庶地区几乎都被倭寇焚掠过。朝廷对王忬、李文进、俞大猷等十分不满，派巡按御史赵炳然赴浙江，调查并监督他们抗倭的具体情况。

在侵扰各地的海盗中，萧显尤为狡猾善战，王直也让他三分。八月，萧显从崇明等地南下入浙。经过王忬等的谋划，刘恩至、邓城率兵船将萧显击败于普陀落伽山(今浙江省舟山市普陀山区洛迦山)的临江附近。萧显突围逃走，残部登陆普陀，据险自守。王忬派俞大猷来指挥进攻。俞大猷考察普陀地形后，于当月二十二日夜安排了一队人马由石牛港进入。这支队伍在离海盗据点不远处横向排开，大张旗鼓，不断喧哗，却不进攻。月色之下，海盗无法看清面前这支明军到底有多少人，只知他们气势浩大，似乎是主力。当海盗集中主要兵力备御石牛港这支明军时，百户邓城、武举火斌和黎俊民按照俞大猷的部署，由西北方的巡检岙直扑敌后。海盗突然腹背受敌，被明军一步步包围至茶山之上。第二天，俞大猷分定四路大军围攻茶山。邓城部由东北浅步沙进入，火斌部由鹦鸪岩入山，黎俊民部自中路入山，刘恩至率主力随之而进。萧显残部全部被俘。

二十六日，赵炳然上奏朝廷，认为汤克宽、俞大猷、李文进等俱有战功，可弥补此前的过失，但朝廷仍下旨对俞大猷处以停发俸禄的处罚，令他与李文进等一起戴罪立功。十月七日，王忬向朝廷上报俞大猷、李文进等于近日共擒斩 700 余名倭寇，焚毁 50 余艘倭船，使海警暂息。朝廷方才批准重发俞大猷的俸禄。

嘉靖三十三年(1554)正月，萧显重整人马，先后进犯嘉定、上海等处。被卢镗击败后，他南下海盐，命所部精锐再次占据普陀山，不仅据此分批劫掠内地，而且联络了周边岛屿上的悍匪，共同抵御明军的围剿。卢镗、俞大猷先后率军战于普陀，均中了敌军埋伏，遭遇失败。火斌、黎俊民等战死。赵炳然将明军这几次失利上报后，俞大猷等将领再次受罚。五月，王忬等诛杀萧显于慈溪，俞大猷尽数剿灭萧显残部，朝廷才撤销了对他们的处分并予以奖赏。

自嘉靖三十一年(1552)后，倭患在中国沿海地区愈演愈烈。俞大猷统领水陆官兵，在松门(今浙江省温岭市松门镇)、普陀、烈港、临山、观海(今浙江省慈溪市观海镇)等处先后擒斩倭寇 1000 余人，沉水者不计其数，使倭寇不敢再劫掠其主管的宁、绍、温、台等浙东地区，保卫了当地百姓的生命财产安全。

第四章　总兵苏浙

自嘉靖三十三年(1554)五月始,朝廷对抗倭的指挥系统与人事布局进行了较大调整,以集中全力对付倭寇。十八日,设立总督一职,统筹自山东至广东沿海各省的抗倭工作,由曾在广西取得重大战果的南京兵部尚书张经出任首位总督。当时明朝希望征调湖南、广西等地战斗力较强的宣慰司兵和狼兵(土司的军队)参与抗倭,以弥补沿海卫所士兵战斗力低下的缺陷。由张经出任总督,可以借助其声望,更好地协调各地军队。六月二十三日,朝廷命王忬北赴山西,守御明朝北疆,其事务由徐州兵备使李天宠接掌。十月,因破敌于吴淞江,俞大猷升任南直隶副总兵官,开始直接与总督协调作战方略。汤克宽因罪留任浙西参将。胡宗宪接任赵炳然浙江巡按御史之职。

小贴士

南直隶：明代行政区划。洪武年间，建都南京，以应天等直属于京师的地方为直隶地区。永乐年间，明朝迁都北京，原直隶南京的地区称作南直隶，范围相当于今江苏、安徽、上海二省一市。清初废南直隶，改作江南省。

张经到任后，立即向俞大猷咨询抗倭的具体策略，并谋划主动出击倭寇。俞大猷向张经阐明了自己稳健的抗倭策略，并对南直隶各地的布防情况、兵船的修造、士卒的招募等问题作了进一步的阐发。他还向张经保举李文进、邓城等将官。

当时在王直的授意下，徐海、麻叶勾结倭寇结巢于柘林（今上海市奉贤区柘林镇）和川沙洼（今上海浦东新区川沙镇），以图内犯。十一月，张经意图遣山东卫所兵与驻泊于太仓港的水军共同攻击附近的倭寇，催促俞大猷率船队北上助剿。俞大猷一面率兵北上，一面急忙向张经上书。他认为当时北风正盛，南方水兵不易按时到达，而山东卫所兵战力欠佳，不宜急于围剿倭寇。

不久，张经再次谋划攻击盘踞在柘林的倭寇，并严命俞大猷领兵出击。俞大猷再次拒绝了该方案，张经大怒。俞大猷说："就算杀了我，我也不能随意出兵！"他后来向张经以及提督南直隶等地军务的周珫解释说："对于倭寇使得生民涂炭之事，我也日夜痛心。现在南直隶地区的战船尚未完成改造，佛郎机火铳没有配备，我手下只有400名漳州兵，战力实在不足。率兵逗留不进与损兵折将，都是罪过，但损兵折将会大损我东南抗倭实力，逗留不进至少还能保留有生力量。权衡利弊，我选择按兵不动。请您明察。"经过这两次事件与实际调查，张经部分接受了俞大猷的抗倭方略。他派俞大猷等领军组建对柘林倭寇的包围圈，并逐渐缩小范围，防止倭寇四处劫掠。次年三月，一群倭寇从柘林进攻金山卫（今上海市金山区金山卫镇），受到金山卫守军弓箭和滚木礌石的反击。俞大猷率军及时赶到，击败了这群倭寇，俘斩200余人。

其实，朝廷每次变革海防体系，均是希望尽快平息倭乱。这也是王忬、张经等官员一上任就屡次催促俞大猷等将领发动进攻的原因。这些官员亲临前线后，却往往采纳俞大猷等的建议，改变了朝廷尽快剿灭倭寇的方针。这一改变虽保证了抗倭力量的稳步增长，却招致了当政者尤其是急于利用军功稳定权位的严嵩一党对这些官员的反感。

嘉靖三十四年(1555)二月,工部右侍郎赵文华上疏言备倭七事。嘉靖皇帝当时正为北部边疆动乱和倭寇之事发愁,见到赵文华上疏后,便要求兵部制定具体的执行计划。兵部尚书聂豹等想暂缓其中两项事务,竟被降级罚俸。当月二十一日,在严嵩的支持下,赵文华被派往南直隶祭祀海神,并视察抗倭情况。赵文华是严嵩的义子,又得到皇帝的信赖。此次南下,他仗着背后的势力,本着为严嵩一党揽功牟利的目的,对作战计划指手画脚,对前线官员颐指气使,给抗倭事业造成了极大破坏。

三月初一,田州、归州、南丹州等地的近8000名狼兵到了苏州。其中田州兵进驻金山,由俞大猷统领,为进攻柘林倭寇的西路;南丹、东兰等地士兵进驻闵行,由邹继芳统领,为攻倭北路;归州兵、东莞打手等进驻乍浦(今浙江省平湖市乍浦镇),由汤克宽统领,为西路右哨,将柘林和川沙洼两地的倭寇分割包围。张经和俞大猷、汤克宽等将领商定三队应随宜战守,等待保靖、永顺二宣慰司兵的主力抵达后再合兵进剿,以图全功。张经、俞大猷的另一个考虑是,狼兵有轻敌思想,又初到江浙,不知敌情,不宜贸然出兵。赵文华于三月二十二日完成祭海后,便向张经索贿,还催促他立即发动进攻。张经断然拒绝,也不向赵文华透露作战部署，以防泄露军机。

当时俞大猷安排了游击白泫等率领数队狼兵往来巡哨，乘隙侵扰倭寇。在舍把（土司属下的小头目）田銮等的带领下，狼兵取得了一些小胜。在苏州的赵文华得知消息后十分高兴，重赏了狼兵，命令狼兵趁势进攻倭寇，并亲赴浙江督促汤克宽发兵。怎奈南直隶的狼兵在漕泾（今上海市金山区漕泾镇附近）被数百名倭寇击溃，狼兵头目钟富、黄维等 14 人战死，手下士兵伤亡甚众。这次失败使倭寇不再畏惧狼兵，气焰更加嚣张。浙西方面，汤克宽断然拒绝了赵文华出击倭寇的要求。赵文华对张经、汤克宽不听自己号令的行为越发怨恨，随即于四月中旬上疏诋毁二人坐视倭寇殃民。他还致函严嵩，诬蔑张经治兵无方、畏贼如虎；又指使胡宗宪弹劾张经是抗倭无功的罪魁祸首，以相呼应。

四月十九日，永顺、保靖宣慰司的彭明辅、彭翼南、彭荩臣等将领先后率领手下土司兵到达松江。张经、俞大猷立刻联系汤克宽，要求他带兵北上，共同攻击倭寇巢穴。在柘林的倭寇头目徐海、麻叶探知了浙西明军北上的作战计划，一边固守巢穴，一边派兵大举攻掠嘉兴、杭州等处，以牵制明军。二十日，近 4000 名倭寇从柘林出发，在金山卫遭到俞大猷部白泫及瓦氏所部狼兵的攻击。倭寇击溃了明军的进攻，随即取道海盐，北犯嘉兴。

听闻倭寇进攻嘉兴、杭州的计划后，明朝官员赶忙备战。李天宠留守杭州，赵文华、胡宗宪赶到嘉兴指挥。当时张经在柘林附近，立即派卢镗率领保靖宣慰司彭荩臣的兵马急援嘉兴，他自己和俞大猷赶赴苏州，催促永顺宣慰司兵尽快出发赴援。二十四日，胡宗宪命人准备了两船毒酒，假称用来犒劳前线明军。倭寇将毒酒劫走自饮，不少头目因此中毒，但元气未伤。当日倭寇即大举发兵，在嘉兴城南石塘湾和赶来救援的卢镗、彭荩臣兵马激战，大败保靖兵。二十五日，卢镗、彭荩臣兵马和从海盐而来

小贴士

宣慰司：元明清时期重要的地方行政机构之一。初设于元朝，明朝沿袭，只设于云、贵、川和湖广等省的少数民族地区。长官为宣慰使，下设同知、副使、佥事各一人，共同管理辖区内军事和民政。宣慰司拥有自己的军队，不同于明王朝直辖的卫所兵。在卫所兵战力低下的明中后期，宣慰司兵保持了较强战斗力，在抗倭战争中发挥了重要作用。

的明军夹攻倭寇于石塘湾。倭寇不敌，遂向北流窜，意图进犯苏州。

此时张经和俞大猷正率领永顺宣慰司彭翼南的军队从苏州南下驰援嘉兴，汤克宽也率水军赶来。二十九日，倭寇流窜至平望的胜墩（今江苏省苏州市吴江区平望镇胜墩村附近）。胜墩附近水网纵横，是浙江至吴江县的必经之地。提督周珫、直隶巡按周如斗令民众坚壁清野，使倭寇无法得到补给。兵备副使任环、苏州知府林懋举和吴江知县杨芷率领狼兵与乡兵布防于胜墩敌楼附近，由北面围攻。俞大猷与浙江副使孙宏轼率领永顺宣慰司的

明嘉靖年间建胜墩敌楼

（该图摄于1930年前，已不存。采自苏州市地方志办公室等编《图说苏州（古代史）》，古吴轩出版社2019年版，第159页）

军队从南面围攻。倭寇想借河远遁，不料明军已筑起堤坝阻拦。倭寇正欲破坝，只听得敌楼上炮声大作，眼见得周围明军水师万箭齐发，登时大乱，被斩杀300余人。

残余倭寇眼见无法北上，只能调头南下。俞大猷率永顺军从北面追击，汤克宽率船队从中路截击，卢镗率保靖军从南面围堵，于五月初一将这群倭寇包围于王江泾（今浙江省嘉兴市秀洲区王江泾镇附近）。当地官兵掘去堰梗，使王江泾周围水浪翻滚，断绝了倭寇驾船逃生的机会。但见明军舳舻相接，旌旗飞动如电，刀剑耀眼放光，连吃败仗、疲于奔命的倭寇早已胆寒，只能乱糟糟地向周围明军冲去。陆上，俞大猷等指挥宣慰司兵和狼兵各持长枪利刃，列队整齐，从容迎上。水上，汤克宽督促战船齐发，冲击倭船。在明军的层层围攻下，倭寇丢盔弃甲，甚至互相踩踏丧命。六日，胡宗宪和俞大猷率军追击倭寇于秋母亭，斩杀了倭寇首领光和尚。此战倭寇被明军杀死2000余人，最终只有麻叶带100余名倭寇逃回了柘林巢穴。俞大猷率领的永顺军取得了不俗的战果。这就是明朝抗倭战争史上著名的“王江泾大捷”，是嘉靖年间对倭寇作战的首次重大胜利，极大振奋了明军的士气，沉重打击了倭寇的气焰。

赵文华当然不会放弃这一为严党揽功的好机会。他在大捷当天立即单独上奏，将王江泾大捷归功于胡宗宪毒酒之计。当时嘉靖皇帝基于赵文华四月份的上疏，已派遣锦衣卫南下逮捕张经和汤克宽。随着张经将王江泾大捷的事情上奏朝廷，众多臣僚纷纷奏请召回锦衣卫，令张经等将功补过。在严嵩的诋毁下，嘉靖皇帝不仅执意逮捕张经和汤克宽，还将为之求情的官员各廷杖五十，罢黜为民。在王江泾大捷被严嵩一党揽功的背景下，朝廷继续追究俞大猷四月金山卫之败的责任，罢免了他的都指挥佥事之职，令他戴罪立功。同时，朝廷下令周琉接任总督一职，俞大猷专门负责水战事宜，原贵州总兵沈希仪、松潘副总兵何卿专责陆战。

明军取得王江泾大捷的同时，川沙洼的倭寇倾巢而出，在江北四处劫掠。五月二十一日，千余名倭寇从柘林流窜至李塔汇（今属上海市松江区石湖荡镇）。俞大猷派彭荩臣且攻且围，历时三昼夜，将倭寇赶至苏州陆泾坝。二十五日，明军对这伙倭寇展开攻击。俞大猷命令河船埋伏于陆泾坝旁的沙河中，等到倭寇抬船即将渡过陆泾坝时再发起进攻。永顺、保靖二宣慰司兵马会同苏州城中任环的兵马从陆上助剿。倭寇此战被斩俘 600 余人，另有 200 余名残兵趁着暴雨逃回柘林。

五月二十四日，另一大股倭寇从柘林出发侵犯常州、杭州、湖州、嘉兴等处，合兵于杭州北新关（今属浙江省杭州市拱墅区）。当时，朝廷所派逮捕张经、汤克宽的锦衣卫尚未抵达，他们二人分别于六月初三、初七率所部宣慰司兵赶至杭州城附近与倭寇交战，可惜因转战多地，人马疲惫，均未取胜。俞大猷和赵文华、巡按御史周如斗等官员自苏州率乡兵前去支援，胡宗宪召集溃散的明军士兵从嘉兴北上，在平望对这群倭寇形成合围。

小贴士

巡按御史：明清时期官职名。明、清两朝设有都察院，下设诸道监察御史，分赴各省巡查，故称作巡按御史。永乐元年（1403）后，各省派一人巡按成为定制。巡按虽仅为七品官，但号称“代天子巡狩”。他们考察府、州、县各级官员，遇事大者奏裁，小者立断，事权颇重。

明军与倭寇僵持期间，锦衣卫将张经、汤克宽押解进京，使明军士气大为受挫。宣慰司兵和狼兵也因颇具威望的张经去职，开始不服管束，变得纪律涣散起来，自七月相继返回。新任总督周玩在宣慰司兵和狼兵中并无威望，当时又身患重病，无法协调浙江和南直隶两省兵马，围攻倭寇的事务落在了俞大猷、任环和各级乡兵领导者身上。僵持之中，倭寇渐渐不支。他们集中全部力量，突破了明军的包围圈，四散逃走。明军将士只好分头追击倭寇，俞大猷等部又取得了几次胜利。

六月十一日，俞大猷率舟师袭击了欲驾舟出海的三丈浦（今属江苏省张家港市东鹿苑镇）的倭寇，斩首 130 余人，冲沉倭寇船 7 艘，残余倭寇逃向三板沙。十五日，俞大猷和任环合兵，在吴江莺脰湖（今江苏省苏州市吴江区平望镇南）、平望等处斩杀倭寇 79 人，生擒 5 人。十七日，二人围攻那些欲从三板沙入海的倭寇。俞大猷率水军一路追杀至马迹山（今浙江省嵊泗县菜园镇西南），擒获头目滩舍卖等 57 人，斩杀 93 人。各地乡兵也取得了很多胜利。

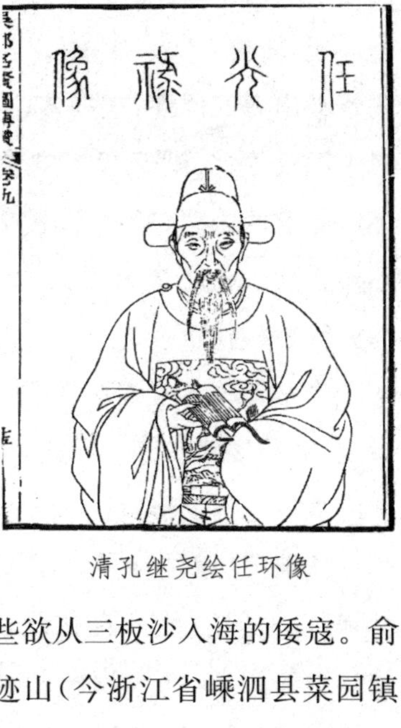

清孔继尧绘任环像

七月初二，赵文华命俞大猷和松江府知府方廉、嘉兴武生朱先等继续追击从杭州逃回柘林的倭寇。当时，金泾、许浦、白茆港（均在今江苏常熟东北）、柘林等处的倭寇纷纷下海逃命，俞大猷遂督战船在各处追捕倭寇。七月二十一日，俞大猷督水兵把总刘堂、余昂等在茶山（今上海崇明岛东）向倭寇发动攻击，焚毁了 5 只倭船。这些倭寇败走马迹山、三板沙，俞大猷继续率舟师追击，冲沉 3 艘倭船，斩首 67 人，生擒 42 人。他还趁势攻击试图由江阴蔡港出海的倭寇，在马迹山、宝山等处共擒斩 90 余人。二十四日，俞大猷又督率刘堂等在大小赤洋截击了被方廉等击败的倭寇，冲沉 23 艘倭船，因当时波涛汹涌，行船不便，只斩杀 50 余名倭寇。八月初一，俞大猷亲自率领邓城等在柘林斩杀了 36 名倭寇。初九，俞大猷和苏松海防佥事董邦政各领船队攻击从柘林出海的倭寇，斩杀 70 余人，缴获倭船 9 艘。至此，俞大猷率军基本肃清了流散在南直隶东部的倭寇。

从被罢免都指挥佥事的消息传来直到八月，俞大猷从未灰心丧气，他一直在践行自己的报国之志，努力奋战。对他而言，个人荣辱永远比不上国家利益。真正令他忧心的是严嵩、赵文华等将抗倭当作谋取私利的工具。王江泾大捷后，赵文华一直在奏疏中攻击周珫。倭寇焚掠北新关时，他再次指责周琉无法履行总督之职，同时还指责李天宠嗜酒废事。由于严嵩在朝堂之上推波助澜，嘉靖皇帝于六月二十一日将周琉和李天宠削职为民，由南京户部右侍郎杨宜接任总督一职，胡宗宪接任浙江巡抚、提督军务一职。赵文华被专门授予督察军务的职责，权势已然超过总督。鉴于张经、李天宠等的祸端，杨宜对赵文华曲意奉承，手下将官由赵文华任意调换。至于俞大猷，仍把精力放在带兵作战上，没有刻意去巴结逢迎权势正盛的赵文华，这是十分难得的。

受到赵文华的影响，明军纪律涣散，各地将士常私下斗殴，将官也不能制止，抗倭局势再度恶化。八月中旬，六七十名彪悍狡猾的倭寇从象山突破了沿海明军的防御，首次进入内地，竟流窜了3000余里，抵达南京。他们在南京焚烧了安定门，杀死一名把总、一名指挥后继续向南劫掠。八月十三日，徐海引导300余名原逃亡出海的倭寇复从柘林登岸，以陶宅镇（今属上海市奉贤区青村镇）为巢穴，广招各处倭寇，共同劫掠四周村落。前一批倭寇想北上经常熟入长江，顺流而下与陶宅镇的倭寇会合，劫持了两名百姓，强迫他们充当向导。两名百姓不仅误导倭寇向南走，而且在途中还请人通知官兵赶紧进剿。提督南直隶军务曹邦辅率领董邦政、林懋举等立即驰援，在苏州的浒墅(今江苏省苏州市高新区东北)与倭寇展开对峙。倭寇发觉是那两名百姓泄露了自己的行踪后,立刻就将他们杀害了。俞大猷听闻这批悍匪的情况后,马上率领舟师前往苏州助剿,阻止两批倭寇会合。

二十三日,赵文华听说了陶宅镇倭寇之事后,和胡宗宪领浙江 4000 精兵前去围剿,并让杨宜督促董邦政、俞大猷率部赶赴陶宅镇。可当时董、俞二人即将抵达苏州,未按赵文华的命令立即赶往陶宅镇,惹得赵文华十分不满。苏州的倭寇被剿灭殆尽时,又有六七十名倭寇于九月初六自川沙洼登岸,曹邦辅命俞大猷赶赴川沙洼剿倭。由于川沙洼、陶宅镇相距不远,俞大猷先率军赶到了陶宅镇。九月十一日,俞大猷带兵进攻。当时天降大雨,陶宅镇四周草长水深,多有泥泞,浙兵和董邦政的队伍因而被倭寇击溃,俞大猷部也中了倭寇的埋伏,伤亡众多。俞大猷对川沙洼倭寇的攻击计划随之延迟。直到十月,更多的明军加入战斗,在熟悉当地情况的百姓的引导下,明军方才攻入陶宅镇,将倭寇剿灭殆尽,徐海逃归日本。

在围剿两伙倭寇的过程中,曹邦辅、俞大猷、董邦政等南直隶将领并未按赵文华的意思赶赴陶宅镇,已令赵文华十分愤怒。令他更为生气的是,他本欲将剿灭苏州倭寇的战功据为己有,未曾想曹邦辅早已将捷报上奏到了朝廷。于是在九月、十月的三份奏疏中，赵文华虽对俞大猷、曹邦辅、董邦政三人均有指责，但对后两者的言辞尤重，力图使嘉靖皇帝罢黜曹邦辅和董邦政。对赵文华而言，俞大猷只是统兵将领，并未干扰到严嵩一党揽功的整体目标。俞大猷的好友、赵文华的幕僚岑原道也屡次为俞大猷缓颊，因此赵文华并未决意整垮俞大猷。十月，在写给严嵩的信中，赵文华除了再次推荐胡宗宪，还认为俞大猷可以担任总领南直隶和浙江海防事务的浙直总兵官的副手。

情况随即发生变化。俞大猷曾作有《论柘林用兵十难》一文，被人交给了次辅徐阶。这事传到严嵩耳中，犯了他的大忌。当时严嵩已 76 岁，虽贪图权位，但体力却渐渐不支。徐阶仅 53 岁，思维敏捷，很受皇帝重视。为稳固自己的地位，严嵩除争夺军功外，在朝中一边做出拉拢徐阶的姿态，一边严防他人与徐阶暗地交往。对严嵩来说，南直隶副总兵俞大猷将文章首先呈给徐阶，而非自己，既破坏了严党争夺军功的目标，又可能会突出徐阶的地位，对自己十分不利。

十月二十九日，张经、李天宠和一名上书批评严嵩的官员杨继盛被斩首，汤克宽虽被判死刑，但尚在狱中。这时，严嵩开始对俞大猷下手。在弹劾曹邦辅的奏疏中，赵

小贴士

严嵩(1480—1567):明朝权臣。字惟中,一字介溪。江西分宜人,弘治十八年(1505)进士。他极力逢迎嘉靖皇帝崇信道教的心理,任南京礼部右侍郎时,上奏嘉靖生父陵墓上出现祥瑞。进京任职后,又凭借擅长写道教所需的青词,得到嘉靖帝宠信,得以入直文渊阁,累进吏部尚书、谨身殿大学士、少傅兼太子太师等。他一意媚上,专国政近 20 年,同儿子严世蕃、义子赵文华等广结党羽,操纵国事,败坏了吏治,激化了当时的社会矛盾。后被罢职抄家,其子严世蕃等人伏诛。

文华指责其未能妥善解决陶宅镇和川沙洼的两股倭寇。曹邦辅将责任推到了俞大猷身上,说是因其拥兵观望所致。前文已述,苏州、陶宅镇和川沙洼三股倭寇在进犯的时间上多有重合,上级官员对俞大猷的命令各不相同,造成俞部疲于奔跑,战斗力下降。严嵩不但不理会这些情况,反而借助曹邦辅的上疏向俞大猷发难,意图将俞大猷逮捕入狱。兵部尚书杨博、吏科给事中孙浚和杨宜等均替俞大猷向皇帝求情。他们说:“俞大猷一个人,哪能既参与陆战又参加海战呢?”还有人对严嵩说:“俞大猷在漳州士兵中威望颇高,突然逮捕他可能会引起漳州士兵抗议,不利于您取得边功。”到了十一月,朝廷决定革除俞大猷百户的祖职,并裁定他犯了死罪,但仍命杨宜等监督俞大猷抵御倭寇,同时寻找能接替他的人。

张经墓

(采自高健斌《福建抗倭遗产调查与初步研究》,福建教育出版社2022年版,第193页)

被夺祖职,意味着俞大猷在身份上只是一名普通士兵,但他仍然很乐观。他和朋友们说:“我辈在世间,下为苍生，上为社稷，惟自尽其心而已。”他相信世间自有公论，自己只要为国家鞠躬尽瘁、死而后已即可。当时一股从陶宅镇败逃的倭寇和川沙洼的倭寇合流，进至周浦。闰十一月初四，杨宜、赵文华等率兵将这批倭寇打回川沙洼。倭寇被迫下海逃命，不料遭遇风浪，只能驾船停留到吴淞江口。初八，俞大猷、兵备副使王崇古和邓城等将士对这股倭寇发起围攻，擒获170余人，焚毁倭船30余艘。逃脱上岸的残余倭寇也被陆上的官兵斩杀殆尽。

虽然明军取得了不少战绩，但仍有大批倭寇涌入中国沿海，中国的海盗也未停止与倭寇的勾结，沿海局势并不乐观。赵文华意识到短时间内不能清除倭寇，便萌生了回朝的想法。他借着围捕川沙洼倭寇的胜利，不顾各地纷至沓来的关于倭患的紧急军情，欺骗嘉靖皇帝称倭寇已被基本消灭，请求回朝。

嘉靖三十五年(1556)正月，赵文华回京。他为了提拔与自己交好的胡宗宪，向嘉靖皇帝报告杨宜没有能力担任总督之职。杨宜因此于二月十日被罢免。二月二十九日，倭寇在正月间三次重创明军的消息传至朝中，嘉靖皇帝开始怀疑赵文华。严嵩和赵文华借机污蔑正直的官员李默，说江浙失事全是因为吏部尚书李默偏袒杨宜、曹邦辅等，致使倭寇死灰复燃，还污蔑李默借古讽今、辱骂皇帝。嘉靖皇帝听信了谗言，下令逮捕了李默，罢免了曹邦辅，将杨宜削职为民。在严嵩和赵文华的推荐下，凭借指挥后梅、清风岭等几处战役胜利的功绩，胡宗宪接任总督。

朝廷对水军的领导者也做了调整，时任浙直总兵的刘远因不习水战而被罢职。兵部和胡宗宪认为，只有俞大猷和另一位受到处分的老将卢镗有能力承担海防事务，故请嘉靖皇帝让他们戴罪立功。嘉靖皇帝同意了这一奏请，任命俞大猷为镇守浙直总兵，卢镗为协守副总兵。董邦政等将官也都官复原职。虽然俞大猷担任了浙直总兵，但他的祖职尚未恢复，仍是有罪之身。严嵩和赵文华并未过多干涉俞大猷等的新职务，因为没有俞大猷等优秀的将领，胡宗宪等也无法有效地抗击倭寇，从而不利于严党权势的稳定。

随着胡宗宪出任总督与俞大猷等将领再次得到重用，明朝海防领导层逐渐稳定，抗倭局势进一步好转。

胡宗宪个人能力很强，长于权谋和与人结交，尤其注重奉承嘉靖皇帝与严嵩一党。这也是他至今仍毁誉参半的原因之一。此前的历任总督均不能处理好严党揽功与抵御外辱的关系，因此他们不仅任期很短，而且下场不好。能力出众且与自己关系密切的胡宗宪出任总督后，

胡宗宪画像

（采自卞利《胡宗宪传》，安徽大学出版社 2013 年版）

严嵩一党才放心地揽功，稳固自己的权势。从嘉靖三十五年（1556）至四十一年（1562），即胡宗宪出任总督的这几年间，朝堂之上的权力争夺对抗倭斗争的干扰随之减小，俞大猷、戚继光等将领得以比较顺利地推动了海防力量的重整，为抗倭战争的全面胜利奠定了坚实的基础。

胡宗宪提督浙江兵务时，就主张对王直采取招抚为主、剿杀为辅的战略。嘉靖三十四年（1555）十月，他派出使团赴日招抚王直。倭寇连年侵华，也遭到巨大损失，有时一岛倭寇竟无人生还，故日本国内对王直的抱怨情绪逐渐增长。听闻自己的家属被胡宗宪优待后，王直产生了回国的想法，便派义子王滶、王汝贤等回国商讨归附和重开中日朝贡贸易等事，并向明朝报告了徐海可能于次年春天入犯的消息。

嘉靖三十五年（1556）春，徐海自称“天差平海大将军”，与麻叶勾结萨摩、和泉、博多等地的倭寇辛五郎等，分乘数百艘战船，大举入侵中国沿海。三月二十六日，陈东率众与徐海会合。四月十九日，徐海定计，兵分四路劫掠江浙。徐海亲率万人攻乍浦，其余三路各千人，分别进逼海门（今江苏省南通市海门区附近）、松江、定海。胡宗宪与新任浙江提督阮鄂率军与徐海对峙，俞大猷等清剿他路倭寇。

徐海率部刚抵达时，俞大猷就亲率 16 只福船、40 余只苍山船在洋山（今浙江省嵊泗县西南）、马迹山等处巡哨，几乎无日不与倭寇交战。三月底，有 16 只倭船从宝山驶入吴淞江。俞大猷与刘堂等对倭船发起伏击，击沉了 13 只倭船，斩首 250 余人。四月，一路倭寇进犯南直隶的西庵、沈庄（今浙江省平湖市东）、清水洼等处，俞大猷和董邦政率兵进攻，斩首 350 余人，残余倭寇逃往陶山（今浙江省瑞安市陶山镇）。朝廷因此恢复了俞大猷的祖职和都指挥佥事之职。

五月，俞大猷等人打击入犯松江的倭寇。他先和卢镗在渔山（今浙江省象山县石浦镇东南）和马迹山附近与倭寇交战，斩俘 300 余人；又与刘堂、任环等在松江府（大致包括今上海市吴淞江以南区域）斩俘 300 余名倭寇。六月，他开始围剿进犯京口一路的倭寇。俞大猷麾下大将邓城指挥福船、苍山船冲沉了进至丹阳县（今江苏省丹阳市)的 21 只倭船。俞大猷埋伏于刘家河附近,继续率人截杀倭寇,追杀至荼山东北部,冲沉倭船 60 艘,斩首 300 余人。残余倭寇在海上遭遇飓风,全部葬身海底。

在俞大猷等不断取胜的同时,徐海与陈东合兵包围了桐乡,前去救援的明军被阻挡在倭寇的包围圈外,无法救出被困官民。七月,胡宗宪再次用计离间了徐海和陈东的关系。徐海和陈东都害怕对方联合明军攻击自己,各自撤军,徐海表示愿意投降。

胡宗宪继而指挥各路人马向乍浦进发。俞大猷和卢镗率水军埋伏于洋山、马迹山等处。当时有一批倭寇从吴淞江出发,想与徐海合兵一处,继续劫掠。胡宗宪派人对徐海说:"你既然投诚,为什么不趁机攻击吴淞江的这批贼人?你夺得他们的船只后,就能回到自己的岛上了。"徐海用计斩杀了部分倭寇头目,但多数倭寇连夜逃窜,徐海也未夺得船只。更令徐海心有余悸的是,这些连夜逃走的倭寇在海上被俞大猷截杀殆尽。

胡宗宪又买通了徐海的小妾,说服徐海用计擒住陈东和麻叶,交给了明军。二十九日,明军对乍浦的陈东余部发起攻击,俞大猷部在下八山等处击沉了 30 余艘倭船,沉溺而死的倭寇不计其数。陈东余部在混乱中对徐海

俞大猷楼船击倭图

（采自丁日昌辑《百将图说》卷下，清同治八年江苏书局刻本，第 113 页）

部发起进攻，徐海败走沈家庄。在那里，徐海召集流散的部众，据险自保，意图增加谈判筹码。八月二十日，明军从各个方向对徐海部展开进攻，俞大猷也率部从海盐前来助剿。二十五日，徐海投水自杀，部下四散逃走，其中一些人想从南直隶和定海等处下海外逃，也被俞大猷、卢镗等擒获。为奖赏参与剿灭徐海的战功，朝廷升俞大猷为署都督佥事（从二品）。

第五章　俞龙戚虎

嘉靖三十五年(1556)八月，明军聚集于浙江，开始清剿浙江沿海残留的倭寇。800余名徐海的残部进犯龙山所(今浙江省慈溪市龙山镇)，时任分守宁、绍、台地方参将戚继光带兵击退了他们的首轮进攻。不日，俞大猷、卢镗和台州知州谭纶率领各自的军队赶到龙山。九月四日，俞大猷督领明军各部和徐海残部对战，三战三捷。徐海残部趁着夜色从乐清出海逃走。此次战役中，俞大猷首次与自己未来的挚友、明朝抗倭的中流砥柱戚继光和谭纶协同作战。戚继光和谭纶同样有力地推动了明朝海防力量的重整与倭患的平息，在生活上也为俞大猷提供了很多照顾。后人更是用“俞龙戚虎，杀贼如土”来赞扬俞大猷和戚继光在抗倭中的杰出成就。

十二月，俞大猷率军清剿残留在舟山的倭寇。这些倭寇据险结巢，明军一时冲不上去，俞大猷只得先命将士将他们包围起来。由于当时南直隶、浙江一带的倭寇和

小贴士

谭纶：字子理，号二华，江西宜黄人。明代抗倭名将。嘉靖二十三年(1544)进士。三十四年，自荐招募壮士500人，击退了进犯南京的倭寇。自此以知兵闻名于朝。后任台州知府、浙江按察司副使、浙江布政司右参政等。四十二年(1563)，升右佥都御史，提督福建军务兼巡抚，督福建总兵俞大猷、浙江副总兵戚继光等合兵捣毁平海卫(今福建莆田东南)倭巢，斩倭寇2200余人。同年冬，遣戚继光率军战于仙游，击败倭寇万余，取得抗倭以来最大胜利。后升任兵部尚书，万历五年(1577)卒于任上。谥号襄敏。著有《谭襄敏公奏议》。

徐海、陈东、麻叶等海盗基本都被消灭了，宣慰司兵、狼兵等外地军队均已返乡，只有才来不久的川贵地区的麻寮、桑植二司士兵6000余人还在抗倭前线。胡宗宪命桑植的莫翁送等官员带领数百名士兵赴舟山助剿。二十日夜，天降大雪。俞大猷趁机督领各部士兵同时向倭寇发动进攻。倭寇精锐列成长队，突入明军队伍中，莫翁送不幸被杀。俞大猷等明军将士十分愤怒，加紧了对倭寇的围杀。倭寇体力不支，退至营中固守，明军一时无法攻下。俞大猷命人从山下运米薪草，再将自己御雪的棕蓑解下，卷住薪草，点火后投入敌营中。明军将士纷纷效仿。不一会儿，敌营四面火起，倭寇四散溃出。明军救出被倭寇掳掠的百余名百姓，斩杀倭寇140余级，其余倭寇全都葬身火海。俞大猷因此功被升为署都督同知(正二品)。

谭纶像

嘉靖三十六年(1557)四月，倭寇进犯定海，其中一支倭寇流窜至沈家门(今浙江省舟山市普陀区沈家门镇)，俞大猷和兵备副使王询派张四维前去诱降。谈判期间，留在定海的倭寇杀了当地的百户俞宪章后，来沈家门会合。张四维等怕谈判生变，率兵捕杀这些倭寇，擒拿了四郎、太郎等52人。此后几个月海警暂息，明军得以休整。

为了与胡宗宪进一步商讨受招安事宜，王直率众到达岑港，局势又紧张起来。出发前，王直亲选千余名彪悍手下，又在战船上满载火炮，以壮声威。他对义子王滶说："当年俞大猷在烈港击败了我，这次回国一定要谨慎防备他。"九月二十五日，王直乘巨舰抵达舟山的岑港，扎营布防，但不和胡宗宪见面，只是派人打探明军动向。为顺利完成招抚，胡宗宪制止了俞大猷和王询的袭击计划，还将王直忌惮的俞大猷派往金山，而将此前接待过王激的卢镗调至舟山。俞大猷向胡宗宪争辩道：“本朝是否与日本贸易，不是倭患盛衰的原因。日本来不来朝贡，也与本朝杀不杀王直无关。如果王直入朝，天子一定会杀他。到那时，您若杀王直则失信于日本，不杀则违背旨意。请您三思！”

岑港附近地区人心惶惶，连戚继光都想让家人暂赴宁波，以防不测。朝堂之上更是议论纷纷。诸多官员奏请整军备战，诛杀王直，甚至弹劾胡宗宪妄自招抚。当时，一直支持胡宗宪招抚王直的赵文华已失宠，于九月初一被削职为民，其不法勾当也被一一揭发。严嵩怕嘉靖皇帝迁怒自己而不再言招抚。察觉到朝局变动后，胡宗宪派人火速拦截了自己的奏章，删除其中试图招抚王直的话语，转而表态会尽全力歼灭王直。

胡宗宪随即准备诱捕王直。他一面派卢镗、张四维、戚继光等驻守舟山马墓港（今浙江省舟山市定海区岑港街道马目村）等处，防止王直等逃窜；一面尽量消除王直的疑虑，敦促他前来纳降。

十月二十一日，俞大猷接到卢镗和张四维等的书信，请他赶赴马墓港合围王直部众，迫使王直去见胡宗宪。

俞大猷还得到另一个消息：有人向胡宗宪进献谗言，说自己坚持武力清剿是为了搜敛钱财，还曾向巡按御史等官员抱怨胡宗宪只知和谈。俞大猷只得一面率福建、广东兵船赶赴马墓港，一面赶忙向胡宗宪澄清谣言。

十一月二十四日，王直探听得徐海、陈东和麻叶覆亡，自己又无力突破明军包围圈，只得亲自去与胡宗宪谈判。临行前，王直安排王滶等布防岑港，以为自己的声援，但他一进明军大营就被扣押。嘉靖三十七年(1558)二月，嘉靖皇帝再次驳回请求借助王直平息倭患的上疏后，王直被正式关押，于次年十二月在杭州被处死。

舟山的倭寇见王直一去不复返，准备武力反抗明军。日本僧人德阳等500余人挟持了张四维，从舟山西部抵达了岑港，共抗明军。胡宗宪也组织水陆人马围攻岑港。水路有三队人马，由俞大猷统一督领，共同堵截倭寇：把总任锦等率队进泊港口南面；都指挥李泾等率队进泊港口北面；俞大猷亲率福船、叭喇乌艚与八桨串网船往来策应。陆路也分几队人马：戚继光率3000余人从左路小岭进攻；指挥周官率队从中路小河岭进攻；指挥杨伯乔率麻寮等队从右路碇齿进攻，指挥杨永昌等随时策应。王询等督战。

战斗开始后，都指挥戴冲霄先以火炮攻击倭寇。各路人马见炮声大作，一齐向倭寇大营进发。王激等经营岑港日久，又奋力反击，致使各路明军进攻受阻。北路军率先攻入倭寇阵地，但他路明军迟迟未能跟上。逃亡倭寇见状又纷纷登岸围攻北路军，迫使北路军不得不撤退。其余各路明军也相继撤离。此后明军的几次围攻也未取得太大成效。胡宗宪只得下令先将岑港倭寇包围起来。

当时仍有大批倭寇从日本赶来。其中一批倭寇劫掠中国台州、温州等地，胡宗宪派戚继光率众前去支援，使明军围困岑港倭寇的兵力十分紧张。另外几批倭寇试图进入岑港。三月二十六日，俞大猷率张四维等在九山潭附近追杀倭寇41人。四月，他们又擒斩了280余名从朱家尖（今属浙江省舟山市普陀区朱家尖街道）来的倭寇。不过尚有大批倭寇从沈家门进入岑港，僧人德阳也率领一支队伍突围而走。嘉靖皇帝对双方的僵持态势颇为不满，胡宗宪则将责任推脱至俞大猷和戚继光等身上。朝廷因此下诏取消了俞大猷的署都督同知之职，命他和戚继光等一个月内击败岑港倭寇，否则下狱。

在明军步步为营和胡宗宪再使反间计的情况下，岑港倭寇于七月初二逃往柯梅岭（今浙江省舟山市定海区白泉镇附近）。俞大猷率领张四维和苏松参将刘显等对这些倭寇步步紧逼，轮番进攻，但一直未能将其尽数剿灭。十月，明军探查到倭寇正在修造船只，准备继续南逃。胡宗宪命令海道副使谭纶给俞大猷调拨来十只福船和十只苍山船，上面各备米、银不等，由张四维统领。俞大猷命张四维率船队提前埋伏在倭寇必经的大木坑澳处，等倭寇来时予以截杀。

十一月初四，倭寇从柯梅岭逃走，俞大猷率刘显等先在陆上追击，后驾船追杀至沈家门。沈家门以南即为福建海域。按规定，没有胡宗宪要求跨境追捕的命令，将领不能私自出境，而且当时俞大猷既无足够的粮食储备，又需防备其他倭寇侵犯南直隶和浙江，故只得放弃亲自追捕。张四维在大木坑澳截杀其余倭寇后，又继续追捕至福建俞山（今福建省福鼎市大嵛山），擒拿了汪印山和陈礼两名头目，斩杀 14 名倭寇，于次年四月回到浙江。至此，盘踞在中国沿海、勾结倭寇的几大海盗已被尽数剿灭。

嘉靖三十八年（1559）三月，俞大猷依然在一心一意抵御倭寇，和谭纶在象山斩杀了 100 余名倭寇，朝廷却在酝酿对他的处罚。早自去年七月，朝中官员就对胡宗宪的作战方案不满。后来王直残党盘踞柯梅岭数月，又南逃福建境内，更引发诸多抱怨。福建籍官员纷纷弹劾胡宗宪剿倭不力，贻害闽广。胡宗宪发现弹劾他的官员以福建人居多后，想起了此前军中流传的关于俞大猷的流言蜚语，怀疑同为福建人的俞大猷一直中伤自己。他随即上疏指责俞大猷故意不尽力截击倭寇，违背了自己的规划，致使倭寇肆虐闽广。严嵩等也借机推波助澜，嘉靖皇帝随即下旨逮捕俞大猷进京。胡宗宪因严党庇护，以及他本人不断向嘉靖皇帝进献从倭寇处得来的白鹿、白猿等“祥瑞”，吹嘘皇帝长生不老，不仅未受任何处罚，反而受到赞赏，被皇帝认为只有他才用心剿倭。

俞大猷被捕的消息传出，官民无不惋惜。俞大猷每次都将缴获的财物分给士兵，所以他自己积蓄很少，无力应付入京的开销。谭纶、史际等均向俞大猷馈赠钱财，共为他筹措了 1000 多两银子。俞大猷将家眷托付给友人李杜，谭纶也为她们提供了很多帮助。四月十九日，俞大猷到浙江巡按御史衙门报到，御史周斯盛派三位官差押解俞大猷进京。三位押解官本想在途中请俞大猷喝酒以示敬意，被俞大猷以自己身为罪人而推辞了。七月，俞大猷抵达京师。直到这时，他依然希望朝廷能将他派往北方守边，为国尽忠。

朝中也有一些官员为解救俞大猷而奔走。刑部和都察院负责对俞大猷进行初审。刑部尚书郑晓和刑部侍郎赵大佑都设法为俞大猷开脱。俞大猷至都察院受审时，左都御史周延避开正堂，告诫手下差役不许向俞大猷勒索钱财，否则就将他们发配。当俞大猷蓬头垢面地走至狱门前时，都察院的其他御史纷纷过来安慰他："您劳苦功高，皇帝一定会宽恕您的。即使有不测，我们这些人也会拼死向皇帝保奏。您一定要宽心。"徐阶、杨博、凤阳巡抚李遂等均保举俞大猷。胡宗宪在听说俞大猷并未说自己坏话后，也请严嵩宽贷俞大猷。

严嵩像

陆炳时任太保兼少傅、锦衣卫左都督，位高权重，且与嘉靖皇帝关系密切。他听说俞大猷被捕进京后，暗自出银千余两相助俞大猷。一日清晨五鼓时分，陆炳亲自到严府叩门。严府家院说："您来得太早了，太师（即严嵩）和侍郎（即严嵩之子严世蕃）正在睡觉。除非是皇帝的旨意，否则我们不敢禀报。您请回吧。"在陆炳的坚持下，严府家院才进去禀报。又过了很久，严世蕃睡眼惺忪地出来，打着哈欠说道："您怎么来得这么早啊？"陆炳说：

“我已经好几天没睡觉了。我焚香卜算，知道今早来请求一定能得到您二位的应允。”严世蕃得知陆炳是为俞大猷而来后，说：“俞大猷徒有虚名，违背胡宗宪命令，抗倭无功。更为甚者，他私自结交徐阶，无视我们父子，这该怎么解释？”陆炳说：“俞大猷知错了。他将柘林那篇文章寄给徐阶，是因为那是徐阶家乡的事，不是无视您和太师。他现在知道自己无法平息您和太师的怒火，特意请我私下里前来说情。”见到严嵩后，陆炳陈述了同样的理由。严嵩父子本就十分想结交陆炳，听他这么说完，就顺势答应了陆炳的请求，不再刻意刁难俞大猷，允许其上疏自辩。

小贴士

锦衣卫：明代特务侦察机构，隶属于京卫中上直卫的亲军指挥使司，与东厂、西厂并称“厂卫”。朱元璋于洪武十五年(1382)改仪鸾司为锦衣卫，由都督、都指挥领导，负责侍卫、刑狱等事。永乐年间，锦衣卫下属的镇抚司分为南、北二司，北镇抚司专掌诏狱，南镇抚司专掌军匠。厂卫都可以不通过司法机构直接奉诏行事，受理词状，任意逮捕吏民。刑部、都察院等无权干预锦衣卫所掌诏狱。

当嘉靖皇帝读完俞大猷请求将功补过的上书后，也对这名57岁的将军产生了怜悯之情。年底，俞大猷还向杨博呈上了他关于如何训练戍守北疆士兵的一篇文章，请求朝廷同意让他赴北疆立功。嘉靖三十九年(1560)二月，随着论赏剿灭王直的功劳，朝廷正式同意了俞大猷戴罪立功的请求，命他去大同效力。俞大猷被关入大狱时，狱中还关押着汤克宽和俞大猷的老上司、因作战失利而被捕的原蓟辽总督王忬，后来邓城也因抗倭不力的罪名被关了进来。这批嘉靖年间抗倭的骨干分别多年后竟然在狱中重聚。他们在狱中一起赋诗谈事，有如过往。当俞大猷出狱远赴大同时，王忬已被斩，汤克宽和邓城继续被关押。

俞大猷行至大同外不远处，一队人马迎面而来。为首者不是别人，正是俞大猷的旧友李文进，当日的海道副使，如今的大同巡抚。二人时隔数年再见，把手言欢。七月，大同总兵官刘汉、李文进和俞大献率军突袭了一群叛乱分子，斩首83人，生擒67人。俞大猷因功被恢复了祖职。

在李文进的支持下，俞大猷开始实践自己改造兵车、训练车兵、组建车营以守卫边疆的主张。他查阅历代典籍，反复试验，终于研制出一种新的兵车。这种兵车的车身装备有枪、盾牌与火炮，由16人分班推行。又因这种兵车为独轮，所以其不仅装备齐全，而且机动灵活。除推车的士兵外，每一兵车还配备有旗牌手、钩镰手、拨刀手、佛郎机手等近 50 人及马匹若干，兼顾了马、步、车三个兵种的优点。13 个车队为 1 个小营，若干小营组成 1 个大营。在俞大猷的亲自教练下，一支 3000 余人的兵车队伍诞生了。俞大猷率领这支队伍于安银堡大败敌军后，李文进将兵车形制上奏朝廷，请求推广。十二月，朝廷同意于大同镇组建 7 个兵车营，由俞大猷进行训练。

俞大猷绘兵车图

（采自俞大猷《正气堂集》卷一一，清道光间味古书室刻本，第 10 页）

在大同的一年间，各地官员荐举俞大猷的奏疏达20篇之多。官员们纷纷要求让俞大猷到南方任职。俞大猷本想继续留在大同效力，但又无法一直依附李文进，遂南下任职。湖广总督黄光昇奏请让俞大猷出任镇筸参将（驻地在今湖南湘西），维持当地治安。嘉靖四十年（1561）三月，俞大猷动身南下，作《云中南归题八角楼》以抒怀：

饮马长城水正寒，伫看万里起鹏抟。
风霜不改忠臣骨，日月常开志士颜。
笑有迂筹经海国，愧无伟业勒丰山。
乾坤北望频惆怅，三宿云阳未渡关。

南下途中，俞大猷特意取道河南少林寺，观摩其名满天下的剑技。早在嘉靖三十二年（1553），少林寺僧人就参与了抗倭斗争，重创了倭寇的气焰。卢镗、胡宗宪等也召集僧人抗倭。观罢寺僧的剑术，俞大猷对住持小山上人说："宝刹剑术名满天下，可惜一些诀窍在流传中有所讹误。"俞大猷的老师李良钦正是融合剑法和少林棍法才创造出一门荆楚长剑的技艺，故俞大猷对少林寺武艺也有所了解。住持将两名年少有为的僧人宗擎和普从托付给俞大猷，请他传授真正的诀窍。在后来的三年中，无论是抵御倭寇还是平定地方叛乱，宗擎和普从都紧跟俞大猷。学成后，两人回寺传艺。万历四年(1576)，宗擎和俞大猷在京师相遇。俞大猷将自己的《剑经》送给宗擎，并赋诗《少林寺僧宗擎学成予剑法告归》曰：

神机阅武再相逢，临别叮咛意思浓。
剑诀有经当熟玩，遇蛟龙处斩蛟龙。

俞大猷正式接任镇筸参将时，当地局势已然重归平静。镇筸参将负责的地方包括了当年俞大猷抗倭时统领的保靖、永顺宣慰司兵所在区域。俞大猷的威名随两宣慰司兵的返乡而在当地广泛传播。当他要来任职的消息传出后，民众均不敢生事。

七月十五日，因广东饶平、大埔、程乡(今广东省梅州市附近)等处出现动乱，俞大猷调任南赣参将，前往平乱。明朝江西、广东和福建三省交界处多山脉丘陵，民族成分复杂，人口流动性强，盗贼常借此躲避官府追捕。这次动乱的领导者张琏、梁宁、徐东洲等常从梅岭入江西，沿贡水至福建汀州、漳州等地作乱。他们与倭寇勾结，对福建和广东的抗倭形势造成了严重干扰。

九月初五，属下呈上朝廷邸报，俞大猷得知了自己调任南赣的消息，同时得知总督胡宗宪兼节制江西，陆稳为南赣巡抚、提督南赣汀漳军务。至南赣后，俞大猷亲自考察当地地形地势，抚慰村民，制定计划。他请胡宗宪和陆稳帮助募兵、备粮，并先期安抚、招降一批参与动乱的人以孤立张琏等头目。他进一步指出，只有设立州县，教化民众，由南赣巡抚勤加督查，才能从根本上改变当地动乱频仍的局面。

小贴士

邸报：中国古代朝廷发行的官报。邸起源于汉代，是地方各郡在京师设置的专门机构，但一直到唐代的文献中尚未出现过“邸报”一词。到了宋代，“邸报”一词开始被频繁使用，邸报开始成为朝野人士获知朝政信息的重要媒介。它的内容主要包括朝廷诏令、朝廷法规、人事任免、臣僚奏议、军事战报等。正本只发至各级和地方政府部门，官绅可以看到正本或正本抄件。

嘉靖四十一年(1562)二月，明朝命两广提督张臬进驻惠州和潮州，福建巡抚游震进驻漳州，陆稳进驻永定（今福建省龙岩市永定区），集合粤、闽、赣三省 27 万兵马，由俞大猷统一指挥，分为 7 哨进剿张琏。四月，漳南道官员金松涧带领 6 万江、浙、闽士兵抵达南赣，还附上胡宗宪的书信。信中指示说："张琏已离开大本营前往漳州等处劫掠，此时正是击溃他的好时机。"俞大猷却有不同认识。他认为山路崎岖，数十万大军不能一直随张琏奔波；且张琏并非逃跑，当用围魏救赵之计，急攻张琏大本营，迫使他回兵救援。胡宗宪同意了俞大猷的意见。时任浙江布政使司右参政的谭纶也为俞大猷统御各路人马出力甚多。

安排妥当后，俞大猷率兵进攻张琏的大本营。四月十八日，狼兵攻击张琏巢穴时，张琏率援军赶到。狼兵已连战数日，气力不支，见张琏部众冲来，均有惧色。埋伏在一旁的俞大猷命士兵摇动将旗，亲自率南赣士兵从山坡上冲下来。狼兵一看，气势大振。张琏乱军被击退，被迫蜷缩在巢穴中，但仍有三万之众。十九日，俞大猷亲自率军攀登峭壁，占领了当地的制高点柏嵩岭（今福建省平和县九峰镇西南）。二十日，张琏派人袭击狼兵大营，被官军击退。因两广等地精锐士兵仍未到来，故俞大猷令明军把守要路，自己率南赣士兵直面张琏大本营，共同围困张琏。

五月初九，一伙隶属张琏的人前来向明军挑战。俞大猷命浙江把总陈其可独骑向前，向对面领队喊话，告诉他们明军只欲擒住张琏，他人可立功赎罪。次日，有两人来到明军大营外，代表其首领郭玉镜表示愿意协助擒拿张琏。俞大猷告诉他们："请郭玉镜将部下调至张琏大营东面。如果你们有了具体计划，就以向张琏求援的名义派人出寨。到时我会派人假意将你们擒来，再行沟通。"二十一日，郭玉镜果然联合了袁三乌等头目在阵前趁机擒住了张琏，将他献与明军。刚刚抵达不久的广东将官李逢时等为了争功，竟然带人将张琏抢了过去。俞大猷怕引起内斗，当时未对李逢时等深究，而是继续安抚郭玉镜等，命他们不再作恶。明代学者罗洪先称赞俞大猷："暗投奇计无坚垒，早缚名酋却让功。"之后俞大猷又率明军趁势擒获了梁宁和徐东洲，平息了南赣地区持续数年的动乱。

六月，经过陆稳和俞大猷的实地调查与多次奏请，朝廷决定在兴宁、程乡、安远、武平四县间设镇，并赐名"伸威"。同时，俞大猷由南赣参将升为协守南赣、汀、漳、惠、潮副总兵。十月，因平定张琏之乱，加俞大猷祖职为实授副千户（从五品）。十一月二十九日，在福建巡抚游震的荐举下，俞大猷升为署都督佥事、镇守福建总兵官，仍驻守伸威。此时俞大猷的辖区除了此前南赣总兵的辖区外，又增加了福建全省和湖广的郴州、桂阳州等地。

戚继光像

就在朝廷任命俞大猷为福建总兵官的同一天，倭寇攻陷了福建兴化府（今福建省莆田市），朝野震惊。自嘉靖三十八年（1559）俞大猷被捕后，戚继光在胡宗宪的支持下开始领导抗倭。戚继光与谭纶、汪道昆等官员密切协作，将倭寇从浙江彻底清除出去。倭寇只能南下福建为乱，戚继光又率戚家军在福建横屿（今福建省宁德市蕉城区漳湾镇）、牛田（今福建省福清市龙田镇）、林墩（今福建省莆田市荔城区黄石镇林墩村附近）等地重创倭寇。因伤亡过多，将士疲惫，戚继光于嘉靖四十一年（1562）十月率部返浙。

听闻戚继光班师后，倭寇再次猖獗起来。闽南残存的倭寇和从日本新来的倭寇合流，总共一万余人。他们派出小部分人马进攻福宁（今福建省霞浦县附近）、政和等县，主力进攻兴化府。倭寇间谍伪装成明军救援士兵混入了兴化城，将大队人马接应入城后，便大肆屠戮，还掳掠百姓卖到日本为奴。嘉靖四十二年（1563）正月二十九日，倭寇将兴化劫掠殆尽，又南下占领了平海卫（今福建省莆田市秀屿区平海镇）。俞大猷的好友、都指挥欧阳深在追击过程中遇伏身亡。

朝廷下旨由谭纶代替福建巡抚游震，命俞大猷、新任命的福建副总兵戚继光、两广总兵刘显合力剿倭，浙江巡抚赵炳然、江西巡抚胡松、两广提督张臬协力策应。俞大猷领命后星夜兼程，赶赴平海。他率领在漳州府新招募的 6000 余名士兵与刘显率领的 4000 余人会合。戚继光要赴义乌募兵，迟迟未能到达。当时朝廷屡屡催促俞大猷和刘显立即进攻平海的倭寇，但俞大猷认为外地士兵刚到平海，十分疲惫，且不熟悉地形，贸然进攻很容易被打败。他决定一边等待戚家军入闽，一边围困平海卫的倭寇。他领兵进驻秀山（今福建省莆田市秀屿区笏石镇南），刘显领兵进驻明山（今福建省莆田市秀屿区忠门镇北），互相支应。俞大猷还命士兵挖深壕，列排栅，并让受招抚的许朝光等率水军堵截倭寇，防止其流窜至他处。

三月，400 余名倭寇在福建长乐县登岸，意图由此侵犯福建首府福州。谭纶一面派前部六营把总胡守仁、褚应宿率兵救援福州，一面联系俞大猷和刘显前往堵截。这 400 余名倭寇被胡守仁等打败后，向福清县逃去，途中受到俞大猷和刘显所派先锋部队的截击。

四月，俞大猷和刘显亲自率兵在遮浪（今福建省莆田市荔城区黄石镇遮浪村）包围了这伙倭寇。俞大猷担心倭寇突围至平海卫，急命名色把总朱相领剩余兵马，在倭寇可能逃跑的地方开挖沟渠和陷阱，断毁桥梁，并就地埋伏。十五日卯时，倭寇集中全部兵力冲击明军大营。明军信号一出，刘显部众从左向右冲击，俞大猷率南赣指挥魏宗瀚等将士从右向左冲击。倭寇顿时大乱，损失惨重，但还是冲出了一条路，想要逃跑。哪知眼看就到港口处，前队倭寇忽然掉入明军陷阱之中，顿时丧命，另一支倭寇也因附近的桥梁被毁而撤至此地。此时鼓声四起，杀声震天，朱相领兵对倭寇发起新一轮进攻，其他明军也从后面追上来继续围杀。这次战斗，明军解救了数百名被掳的百姓，斩杀倭寇 145 人，生擒 16 人，其余倭寇均溺水而死。听说这伙倭寇被尽数歼灭，平海卫的部分倭寇想夺船逃生，却屡次被许朝光拦截，不得逃出。

随着戚继光领兵到达和新来倭寇被歼灭，俞大猷、刘显进军至渚林(今福建省莆田市秀屿区东峤镇东)。倭寇也前进至渚林以南,据险固守,双方仅距三四里。二十日,谭纶到渚林,会同俞大猷、戚继光、刘显等将领商议破敌良策。最后确定:戚继光率领把总胡守仁等兵马为中哨,负责冲锋;刘显率领把总郭成、江西援兵把总乐埙所部兵马为左哨;俞大猷统领魏宗瀚、朱相、浙江援兵把总杨文所部兵马为右哨;悬赏冲锋银二万两,鼓舞士气。

二十一日,谭纶来到俞大猷营中居中指挥。丑时,三路大军共同向倭寇大营冲去。倭寇首领率众冲出拒剿,看无法取胜,又赶忙回营死守。明军将贼巢围了个水泄不通,然后因风纵火,烧死了不少倭寇。在逃跑途中坠崖落海的倭寇不计其数。此次战斗,明军共擒杀倭寇 2200 人,解救被掳男女 3000 余人。

在这次入闽剿倭的过程中,刘显最先率部抵达,却败于倭寇。俞大猷抵达后不仅稳住了战场形势,更是抵挡住各级官府命其尽快投入战斗的压力,使当地明军得以和戚家军汇集成更强大的力量,一举消灭盘踞在平海卫的倭寇。因为俞大猷拒不执行尽快出击的命令,他受到了戴罪立功的惩罚。平海卫大捷后,朝廷升了戚继光和刘显的官职,赏赐他们钱物,俞大猷却只被赏银 20 两、纻丝 1 表里。谭纶安慰他说,世上真正了解你的人很少,你如霍光般真诚、诸葛亮般有责任感、文天祥般忠心、于谦般坚毅，你才是真正能被委以重任之人，这世上没人能比得过你。

这次抗倭，俞大猷、戚继光等将领基本断绝了闽、粤、赣三省倭寇、山贼与海盗遥相呼应的局面，为福建和广东两省彻底清剿境内倭寇创造了有利条件。

第六章 肃清倭乱

嘉靖四十一年(1562)五月,严嵩下台,徐阶接任内阁首辅。胡宗宪于当年十二月被捕入狱,总督一职随之罢设。此后,俞大猷、戚继光和刘显几位地方总兵官需要自主商定剿倭方案,自行和地方官协调武器装备、粮饷供应等。这些问题或多或少影响了总兵官率军清剿境内倭寇的进程。

嘉靖四十二年(1563)五月,在回伸威营的途中,俞大猷取道泉州,和朋友一起到清源山游览。当61岁的俞大猷再次站在练胆石上,回想起年少时保家卫国、抵御外辱的誓言时,他自信地告诉别人,自己一直努力践行着当年的誓言。

七月,俞大猷进入广东,准备清剿盘踞在潮州等地的倭寇。广东的形势比南直隶、浙江、福建更为复杂。

第一,广东境内倭寇数量众多。早在本年初,就有众多倭寇在潮州等地侵扰民众。地方官员虽尽力捕杀,但仍有近千名倭寇凭借对地形的熟悉而未被捕获。次年，万余名来自日本萌子马的剽悍倭寇进入潮州。后来戚继光在福建仙游大败倭寇，将倭寇彻底赶出福建。残余的数百名倭寇也来到广东。三股倭寇合流，共两万余人。

第二，广东境内还有其他反抗武装。除俞大猷在六月解决的汀漳山贼陈绍禄和梁道辉外，伍端、温七等领导万余名矿工在惠州反抗官府，蓝松山、叶丹楼等各领导千余人在程乡起事。海盗吴平拥众近万人，驾船近200只，和沿海倭寇互为犄角。

第三，广东的战备力量不足以应对当地的复杂形势。广东士兵的实际人数严重不足。俞大猷曾核查了一队狼兵的实际数目，发现这支上报有1万人的队伍实际不满2000人。俞大猷自己能实际指挥的队伍也不足千人。要剿灭各处乱军，俞大猷等必须广行招募士兵。同时，广东的大船此前均被胡宗宪征调至江浙，未曾归还。广东当地未再另行修造战船，且没有江、浙、闽一带较完善的水寨系统。受当时两广地区经济水平的限制，募兵、造船等费用和军队粮饷都难以筹集。总督胡宗宪下台后，戚继光还可依靠其挚友、福建巡抚谭纶和汪道昆帮助他协调粮饷，而俞大猷在广东缺少可以为自己提供有力支持的人。

由于朝廷屡次下旨催促剿灭潮州倭寇，俞大猷于八月专门赶至惠州和两广提督张臬见面，商讨相应事宜。二人正在商讨如何调兵和筹措军粮时，就听张臬属下士兵传来急报。原来广东参将谢敕轻敌冒进，被伍端、温七率领的矿工击败，还折损了指挥王佐等将官。张臬顿了一顿，说："俞总兵，我想请你协助我招抚伍端，不知你意下如何？"俞大猷说："军门，报效国家之事我义不容辞。只是现在朝廷几次催促我先清剿潮州倭寇，我看还是对潮州倭寇早做打算！"张臬并不理会清剿潮州倭寇之事，只是和俞大猷说："等平定了伍端，潮州倭寇不是小事一桩吗？而且两广困乏，钱粮一事容我慢慢考虑。"张臬随即派人告诉伍端等俞大猷已率军前来，命他们马上投降。俞大猷只得照办。

伍端听说俞大猷前来，连忙制止住手下的活动，并派人前去接洽投降。俞大猷派俞尚志和王鸾领一队人马前去监督矿工的投降和遣散活动。伍端曾俘虏一名惠州的高官，这人被救后，将俞尚志和王鸾的人马作为扈从全部带走。好在伍端等诚心归降，并未造次，还将试图抵抗的温七等头目押解至俞大猷处。

九月，张臬因兵败被勒令致仕，吴桂芳接替其职务。俞大猷赶忙和吴桂芳商讨已经拖延数月的抗倭事宜。吴桂芳最终同意了俞大猷筹措粮饷、征调士兵的提议。鉴于广东士兵虚额过大，俞大猷在赶赴潮州的同时，就派手下汀、漳籍的士兵以哨官的身份返乡，招募 4000 名士兵。后为了应对新来的倭寇，又招募了 1 万名士兵，于次年闰二月二十日后抵达潮州。吴桂芳也为俞大猷调集了参将王诏的一哨人马和两哨狼兵，另派广州水兵屯驻柘林港（今广东省饶平县柘林镇）阻截倭寇。

另外，俞大猷也在试图稳住倭寇以外的其他武装反抗力量，以集中兵力剿灭倭寇。他首先联系早有抗倭意向的伍端，命他挑选 2000 名手下，随俞尚志和翁思诲赴潮州抗倭。伍端一行人赴潮州路途中倒也纪律严明，并未侵扰百姓。只是有人散布谣言，说俞尚志和翁思诲实际上是要将这 2000 人骗至潮州杀害。伍端立刻向俞尚志和翁思诲报告，处死了造谣者，军心得以安定下来。

赴潮州的路上，俞大猷先抵达程乡，安抚了蓝松山、叶丹楼等，使其答应暂时不侵扰周边。此前用来攻击蓝松山、叶丹楼的蔡汝兰部得以随俞大猷进剿倭寇。对于一直与倭寇有联系的吴平，俞大猷派郑禹迹前去游说。吴平见倭寇势穷，表示愿意断绝与倭寇的往来，之后还主动进攻倭寇，斩杀百余人。鉴于此，吴桂芳和俞大猷同意了吴平率部队回诏安梅岭（今福建省诏安县梅岭镇）的请求，但他们知道吴平势力并未受挫，所以联系了戚继光协助监视吴平，使广东的明军能全力剿倭。

与此同时，朝廷为了强化撤销总督后的海防体系，调整了总兵官的布局：原两广总兵刘显北上统辖江浙一带；俞大猷移镇潮州、惠州，辖区和南赣副总兵时期相同，对福建地区仅负责汀、漳两地山区的治安；戚继光出任福建兼浙江金华、温州二府总兵。几位总兵在各自辖区内清剿倭寇、维护治安，彻底平定“嘉靖大倭患”指日可待。

嘉靖四十三年(1564)初，各部已安排妥当，俞大猷决定进剿倭寇。三月十七日，俞大猷派明军和伍端部趁夜色包围了邹塘(今属广东省揭阳市榕城区地都镇)的倭寇。明军将领和伍端同时命人点亮火把，一齐杀出，一昼夜间攻克倭寇三座营寨，斩杀400余人。

随后俞大猷和兵备佥事徐甫宰率兵进驻后屿(今广东省普宁市洪阳镇附近)，断绝了霖田都芦清(今广东省揭西县东园镇炉清村附近)的倭寇和溅水都乌石(今广东省普宁市乌石村附近)的倭寇间的联系。从福建逃来的倭寇和从日本萌子马来的倭寇也先后西进到该地附近。两批倭寇最近距离不过四五里。借助暴涨的河水，饶平凤凰山埠巡检司的明军将福建来的倭寇阻挡于河流北岸，俞大猷派伍端的队伍前去一同围歼这群倭寇。徐甫

明无名氏绘《倭寇图卷》中的明军出征场景

（采自须田牧子等《〈倭寇图卷〉再考》，《中国国家博物馆馆刊》2011 年第 2 期）

宰通过被俘人员离间了萌子马倭寇和芦清、乌石倭寇的关系，萌子马倭寇转入揭阳山中。俞大猷命王诏率部东进，和漳州兵一起围攻萌子马倭寇。俞大猷又命狼兵进驻海丰，防止倭寇西逃。

四月，俞大猷和徐甫宰将大营北移，直逼芦清倭寇的营寨。倭寇营寨比较坚固，明军无法顺利攻破，只能多以火铳攻打，缓慢地压缩包围圈。同时，俞大猷采用了吴桂芳的建议，在佯装围攻芦清倭寇的同时主攻乌石倭寇。乌石倭寇坚守时，明军佯装撤退，引诱乌石倭寇出寨追击，明军再调头反击。几次下来，消耗了倭寇的有生力量。后明军利用火攻，大败乌石倭寇。二十九日三更，乌石倭寇夺路而逃，芦清倭寇听闻后也出逃。俞大猷率王诏和被允许军前效力的汤克宽追至九龙山一带，斩杀1127名倭寇，夺回被倭寇掳走的1945人。

残余倭寇逃至崎沙(今广东省陆丰市南)、甲子(今广东省陆丰市甲子镇附近)等澳，抢夺渔舟入海。恰逢海上暴风骤雨，沉船无数，仅2000余人幸存。倭寇因此不敢再下海，挟持着百姓屯聚于海丰金锡都(今广东省海丰县陶河镇金锡村附近)。俞大猷借助金锡都四面环水的地形，领兵包围了这群倭寇。俞大猷亲率官军阻击于前，汤克宽领兵围于倭寇据点左面，王诏领部队在右面，蔡汝兰领部队在后面。一月后，倭寇见粮草已尽，几次想突围而走，均告失败。俞大猷探听得倭寇欲从大埔寮口(今广东省汕尾市红海湾开发区附近)突围，遂命汤克宽埋伏在那里。六月二十日清晨，倭寇逃至大埔寮口，以为明军尚未察觉，松了一口气。突然，汤克宽率部从前方杀出，斩了3名倭寇头目，王诏、蔡汝兰等部兵马也相继杀出，倭寇大溃。金锡都一战，俞大猷率部共擒斩1243名倭寇，解救了千余名被掳百姓，缴获器械1320余件，马34匹。残余倭寇逃入山林。

广东两万余名倭寇被平定，标志着“嘉靖大倭患”的结束。此后虽然仍有零星的倭寇进行冒险，但均被当地驻防部队击败，倭寇不再对明朝安全构成威胁。

剿灭倭寇后，俞大猷又马不停蹄地赶赴广州。原来在本年三月十二日，以东莞谭允传、徐永泰为首的400余名水兵在柘林港叛乱。这些人已经5个月未能从潮州知府何宠那里领取军粮，对官府已十分怨恨。恰好俞大猷派领军指挥韩朝阳调各处水军进剿倭寇，徐永泰遂抓了韩朝阳，率众跑到外洋，联合东莞等地的暴动武装进逼广州城。水兵叛乱不仅一度干扰了俞大猷的抗倭规划，而且迫使吴桂芳留在广州，不能亲赴潮州督剿倭寇。五月初七，吴桂芳调集南头、白石的水兵，在刚赴任的惠潮参将汤克宽等的率领下重创了叛军。叛军退至东莞三门口（今广东省东莞市虎门镇东南），依托熟悉的地形与明军僵持。后汤克宽领兵助剿潮州倭寇，叛军问题一直没被解决。

俞大猷对吴桂芳说:“我们肯定不能姑息叛乱行为,但叛军很容易借助大海逃遁,为患海疆。我们姑且假意招抚他们,等他们没有防备时再将其一举歼灭。”于是俞大猷派俞尚志等前去和叛军谈判,同意向叛军提供一大笔钱物,并允许其以后可以向潮州贩盐牟利,但叛军需陆续交还其掠走的战船。

叛军手中控制着大乌船 30 只、白艚船 40 只及龙头、横江等船数只。在僵持的过程中,俞大猷几次散布明军要袭击叛军的假消息,叛军见明军无实际动作,慢慢放松了警惕,陆续将 21 只大乌船和龙头、横江等船送回。叛军也刻意保存实力,一直控制着 9 艘大乌船,想让吴桂芳先交付准许其贩盐的盐引。40 只白艚船被隐藏在港湾中,

小贴士

盐引:宋代以后由官府印制、颁发的支取和运输食盐的凭证。商人向官府购买盐引后获得贩卖盐的资格。明朝中后期,盐引也被用于采买宫廷物资、赏赐官员、赈济灾荒等事务。

官军探子不曾发现,叛军也没有主动交代。不过由于俞大猷的计策,叛军更关注于瓜分所得财物,并因此分裂为两派。

俞大猷在此期间考察了叛军固守的三门口。他发现三门口是一个南北狭长的港湾,叛军船只出入不便,官军极易对其形成合围之势。俞大猷一面请吴桂芳继续调来大乌、白艚、横江等各类船只,交由汤克宽等统领,一面派林宏仲联系了在香山澳进行朝贡贸易的葡萄牙船队。八月三十日夜,明军 25 艘战船和葡萄牙商人的 11 艘船向叛军发动进攻,不到半个时辰就结束了战斗,生擒叛军 393 人,斩首 41 人。吴桂芳不无赞叹地对俞大猷说:"你事前精心规划的方法真是屡试不爽!"

到了年底,俞大猷收到了戚继光会剿吴平的文书。十一月,吴平及其属下就已抵达梅岭。他打着明朝"镇守把总"的旗号在梅岭内修筑堡垒等防御工程,在玄钟港内训练水兵,还招纳亡命之徒,派陈晋卿等劫掠潮州、惠州等处。吴平有部众万余人,打造有大船 5 只、小船 300 只。有一股 300 余人的潮州败逃倭寇也投奔了吴平。听说吴平的种种劣行后,戚继光和福建巡抚汪道昆经过谋划,一面由戚继光率手下将领巡视漳州,并要吴平只身相见,一面联系俞大猷等将领共同出兵围剿。

嘉靖四十四年(1565)正月,戚继光所派的陈濠抵达了吴平处。吴平假意出迎,却令陈晋卿占据梅岭要害柚柑岭以图反抗。吴平还派翻译林春先诓骗那些倭寇乘船出海,他再率众攻击这些倭寇,俘虏 101 人,斩杀 40 人。吴平将 81 名倭寇和那 40 人的首级呈送戚继光,将余下的 20 名倭寇呈送俞大猷,希图左右逢源,但终究不敢亲自拜见戚继光。戚继光和俞大猷因此下定决心剿灭吴平,以防他成为下一个王直。

俞大猷在给戚继光的信中写道:“我当年招抚吴平,实在是因为广东兵力有限。今天既然要剿灭他,我必定全力配合。但为节约开支,我部下大部分士兵已被遣返,现在可用的士兵和船只很少。请您尽量提前三个月来信,以便广东方面整军备战。”随后,俞大猷立即与吴桂芳商议备战事宜。可没过多久,戚继光突然在信中告知俞大猷,福建方面将于二月底正式攻击吴平。

面对福建方面如此突然的举动,俞大猷只得派汤克宽等将领率广东士兵赶赴漳州,船上插小黄旗以为标识。二月二十二日,福建水陆兵马已对梅岭与玄钟港形成合围态势。陈濠统领各路步兵控扼山路,都司傅应嘉督领战船徘徊于玄钟水面。明军要进攻的消息早已被吴平探知,他在十九日就将家属与金银珠宝转移至船上,于二十三日拂晓率众突围而走。傅应嘉忙同众将领追击。广东水军姗姗来迟,只擒斩 67 人,缴获 36 只小船。

明军虽然摧毁了吴平在梅岭的大本营,但并没有伤及吴平元气。这次闽广合围吴平的失败,反映了古代落后的信息沟通技术对战争的制约。围剿吴平的具体方案几乎完全是戚继光与俞大猷通过书信敲定的。除了对文字理解的偏差外,闽、广之间的书信传递也很耗费时间,铺兵传递常需四五十日之久。戚继光误以为俞大猷已经准备好进攻所需兵、船,便立即约定日期并调兵包围吴平。俞大猷收到信时,不仅没有完成士兵动员,而且也没有时间再要求戚继光延迟出兵日期了。风浪也阻碍了广东船队按时抵达玄钟港。二月时,北风尚盛,广东船队需

小贴士

铺兵:明代供驿站差役的士卒。中国古代设有驿铺,用以传递文书等。洪武二十六年(1393)规定,十里设一铺,每铺设铺长一名,按重要程度配有四至十名铺兵。重要公文到铺,铺兵应立即送出,不分昼夜,一昼夜需行三百里,但实际上常有拖延。

要逆风北上，纵然是由老将汤克宽统领，也无法确保按时抵达。在该情形下，广东进行军事动员和戚继光过早的排兵布阵，均让吴平有了防备。

三月，为了防范小股倭寇的侵扰，闽、广两省士兵主力从漳州撤回，由傅应嘉和汤克宽继续寻找吴平的下落，福建官员朱玑、王毫驻守玄钟港。十八日，吴平率部众抵达海丰大胜港，傅应嘉率福建水军将其船队冲散。其中一支船队遭遇暴风，停靠在驼山，被广东官军再次击败。四月初三，听说吴平部队出没于广东大潭澳后，俞大猷通知汤克宽领水兵前去进剿。在大潭澳附近，汤克宽遇到了傅应嘉的队伍。傅应嘉率闽兵作正面冲锋，汤克宽率粤兵作伏兵突击，共斩首该伙吴平部下 150 余人，冲沉船只 20 余艘。据俘虏招供，吴平自大胜港一战后就不知所终，于是傅应嘉率部回闽。

六月，吴平招募了其他亡命之徒后，再次劫掠闽、广地区。二十三日，吴平率众突袭玄钟港，俘虏了朱玑和王毫，抢走 13 艘战船，傅应嘉率部退至铜山。吴平占据了闽粤交界的南澳岛，在其中的深澳山和宰猪澳等处修建防御工程，并派兵四下劫掠。朝廷为此再度严旨闽、粤两省官员协力会剿吴平。

八月，戚继光率军驻扎于诏安，俞大猷也在海门（今广东省汕头市潮阳区海门镇)集结了上百艘船只。九月，戚继光抵达南澳岛对面的柘林港，开始派兵围堵吴平船只。二十五日，俞大猷带领汤克宽、王诏、陈其可、许朝光等将领和 300 余艘战船与戚继光会合。两省官员歃血为盟，誓言同心剿灭吴平，之后各自率部抵达指定位置，但因海上连日飓风，明军无法进攻。

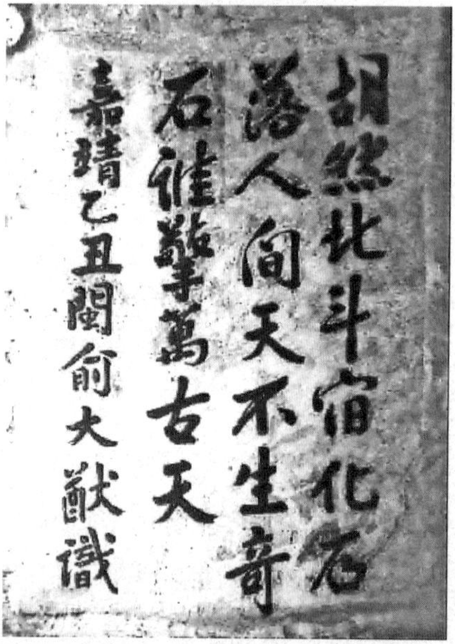

俞大猷嘉靖四十四年(1565)
在七星岩的题刻

(采自贾穗南《宋城怀古·人物春秋》，暨南大学出版社 2014 年版，第 123 页)

十月初四，风势渐小。吴平为集中兵力，让宰猪澳和大沙澳的属下回防大营，打算凭借防御工程与明军打一场硬仗。俞大猷和戚继光知道后，决定借此机会从宰猪澳和大沙澳登陆。当天夜里，俞、戚二总兵秘密召集众将，约定明日进攻。戚继光总领两路步兵在南澳岛上杀敌；俞大猷统领三路水兵，围堵在南澳岛三个出海港口处，其中福建把总魏宗瀚和陈其可、许朝光守上门，傅应嘉和王诏守中门，汤克宽和福建把总罗继祖守下门。五日一早，明军直取吴平大营。经此一战，吴平部下中有近 2000 人被擒杀，5000 人被烧死或淹死，余下 800 余人护卫吴平冲出包围。俞大猷派汤克宽和罗继祖追杀吴平，后福建方面由傅应嘉承担追剿任务。吴平流窜至凤凰山（今广东省饶平县西北）等处，又被明军击败，向廉州府和琼州府方向逃窜。

嘉靖四十五年（1566）正月初三，俞大猷命令汤克宽和傅应嘉合兵，共同追击吴平。吴桂芳移文沿海各府严密防范吴平部乱军，并为汤克宽和傅应嘉的队伍提供补给。二月，吴平见明军追捕甚急，只得跑入安南境内。吴桂芳一面联络安南，请他们协助围剿，一面为汤克宽等送去俞大猷当年剿灭范子仪部众后所绘的地图《平交图说》（"交"指交趾，即安南），命他们继续追击。四月初一，明军探听到吴平率部队正停泊于安南万桥山，汤克宽率广东兵自东进攻，傅应嘉率福建兵自西进攻，将吴平及其部众歼灭。

此次歼灭吴平的战役进一步打击了与倭寇相互勾结的力量，促进了沿海地区的稳定，但有些官员在招抚吴平、没有按时合兵、被吴平突围等问题上批评俞大猷，使其被罢免了总兵官之职。

嘉靖四十五年(1566)二月初七，俞大猷正受命围剿盘踞在广东河源、翁源、英德等处的盗贼。河源等地处于众山之间，地势险要，当地各山寨在李亚元、黎永元等的领导下叛服不常。此次吴桂芳联合南赣巡抚吴百朋，汇集了五路人马，交由俞大猷统领，誓要歼灭李亚元等。朝廷罢免俞大猷的诏令下达后，俞大猷将帅印交还吴桂芳，准备离开。吴桂芳等一面挽留俞大猷，一面上疏朝廷为俞大猷叫屈。朝廷因此同意命俞大猷戴罪立功，继续领兵围剿李亚元等。

为防李亚元率众流窜他处，俞大猷定下诱捕之计。他派王鸾带一些精干的部下去李亚元寨中假意招抚，并暗授王鸾反间之策。李亚元见王鸾亲入寨中，认为俞大猷暂时不会进攻自己，便放松了警惕。王鸾在李亚元寨中不断挑拨李亚元和其他山寨的关系，一些山寨因此投降了明军。俞大猷又派魏宗瀚剿灭了其他顽抗拒降的山寨。

不日，俞大猷声称要进攻李亚元寨旁的李明部众，但明军在距离李亚元山寨不远处驻足不前。同时，俞大猷亲率一支明军攀越险峰，由小路直抵李亚元山寨外。李亚元见明军突然出现在背后，十分害怕，王鸾安慰他说这是进攻李明的左路军。不一会儿，各路明军齐聚，将李亚元的山寨团团围住，准备对其发起进攻。

李亚元凭借地利和箭矢，几次击退了明军的冲锋。俞大猷到阵前处斩了几名临阵退缩的士兵，悬赏白银3000两捉拿李亚元。陈其可亲自擂鼓助威，把总黄处等手举藤牌抵挡箭雨，大发火铳，终于击溃了李亚元的防线。明军成功攻入山寨后，生擒了李亚元。战争伊始，王鸾就带人躲入另一名想投降明军的寨主的营中，因此毫发未伤。

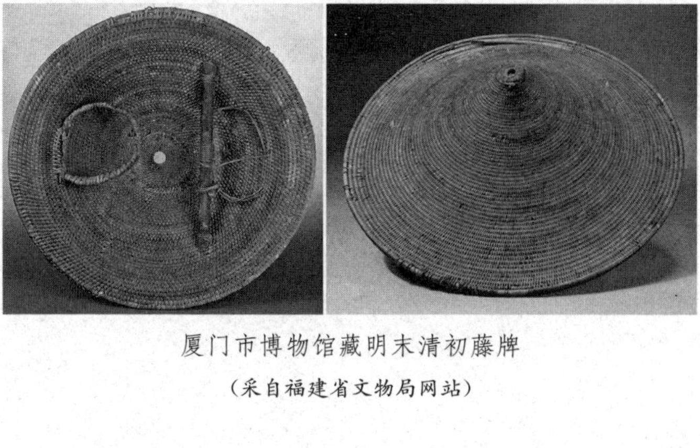

厦门市博物馆藏明末清初藤牌

（采自福建省文物局网站）

俞大猷趁势领明军直攻黎永元。当时俞大猷麾下有一队招抚而来的汀州上杭兵，强横难治。俞大猷以激将法命其每战均殿后，难立军功。此次攻击黎永元，俞大猷下令由翁思诲带领他们冲锋在前，上杭兵人人精神百倍，准备大显身手。俞大猷考虑到黎永元可能会设计伏击明军，于是先派出探子，发现黎永元果然在大路上安排了500人为诱饵，他自己率领千余人埋伏一旁。翁思诲派出一支人马袭击黎永元后方，自己率兵迎面直上，斩杀了黎永元。五月十六日，俞大猷又率军擒拿了翁源盗贼头目伍元吉。

二月以来，明军共擒斩各处盗贼乱军万余人，解救了被掳走的百姓881人。吴桂芳向朝廷称赞俞大猷“行师以律，料敌如神”，说他统领五路兵马未尝败绩，建议朝廷恢复他的官职，让他感恩戴德，再立奇功！八月，朝廷恢复了俞大猷总兵官的职务，于次月将其调任为广西总兵官，后升他祖职一级。

第七章　星落东海

隆庆元年(1567)五月,俞大猷因平定广东叛乱,升为署都督同知。八月,朝廷调谭纶进京训练驻守北疆的士兵,谭纶力荐俞大猷协助自己。当时广东海盗曾一本十分猖獗,时任两广总督张瀚要求俞大猷协助平定曾一本。隆庆二年三月,朝廷让俞大猷暂赴广东督捕曾一本。

缺兵乏船仍是俞大猷面临的首要问题。俞大猷向张瀚建议到福建招募士兵,打造战船,但张瀚执意在广东打造战船,不顾俞大猷在广东造船进展缓慢且易暴露的劝谏。招募的福建水兵到达后,战船尚未造好。广东兵又不肯把自己的船只借给福建水兵,导致他们只能待在岸上。六月十一日,曾一本率兵进攻广州。广东兵无力抵挡,只得紧闭城门,修造的战船被曾一本全部焚毁。为推卸失利的责任,当地一些官员诬陷俞大猷通贼,甚至要闯进其府衙中搜查奸细。后来,张瀚和新任广东巡抚熊桴部分接受了俞大猷去福建造船的建议。十月,曾一本侵扰南澳、玄钟等地。朝廷随即诏令闽、广两省协力剿灭曾一本，并任命刘焘总督两广，兼督福建军务。

隆庆三年(1569)三月，俞大猷在福建造成了80艘战船。他亲自统领8艘为中军，让参将邵应魁和晏继芳分别统领36艘充当左、右哨。他又招募了一些福建士兵，雇了一些船作为侦查船。俞大猷还以个人名义向福建方面借来白银3500两充作军饷。福建总兵李锡、广东总兵郭成各自集结了一批士兵和战船。这三支队伍共有400余艘战船，3万余名士兵。为协调各路军队，严明军纪，俞大猷制定了30条军令作为约束。

四月下旬，曾一本率部徘徊于福建古雷港(今福建省漳浦县古雷镇附近)。俞大猷和李锡于五月十二日抵达古雷，曾一本南逃广东。明军受阻于风浪，无法追击。

六月初三，俞大猷得知曾一本的船队正从南澳向北行驶，料定曾一本很可能会到铜山，于是赶忙备战。次日，曾一本果然袭击铜山。俞大猷和李锡率船队，杀死千余名曾一本部下。曾一本南逃柘林、莲澳等处，俞大猷和李锡率船队追击，三战三捷，消灭了曾一本四分之三的人马。二十六日，已成强弩之末的曾一本被郭成和王诏率众生擒了。八月，兵部赞赏俞大猷“才经百战，望重三军”，破格提升俞大猷为右都督。俞大猷为了加强广东地区的海防能力，还奏请将剿灭曾一本后的广东战船分配于各水寨，平日里加强训练，得到了朝廷的同意。之后，俞大猷回到广西。

小贴士

都督：明代五军都督府长官名。洪武十三年（1380），朱元璋改革军制，设立左、右、中、前、后五军都督府，作为统领全国军队的最高军事机构。除锦衣卫等亲军和上直卫不属五军都督府外，其他都司卫所均分属之。都督府设左右都督（正一品）、都督同知（从一品）、都督佥事（正二品）等，负责所部都司的日常管理或执行朝廷和兵部的命令。

隆庆五年（1571）五月，因为平定广西古田等地叛乱的军功，俞大猷获升实职二级。七月，广西巡抚李良臣弹劾俞大猷“奸贪不法”，兵部认为罪状并不充分，但隆庆皇帝仍下令将俞大猷罢职。十一月，俞大猷受命佥书南京右军都督府事。

隆庆六年（1572）闰二月，俞大猷被任命为镇守福建

隆庆五年俞大猷在广西
古田百寿岩的题诗

（采自林京海等《石语墨影：广西古代石刻选萃》，广西科学技术出版社 2014 年版，第 167 页）

并浙江金、温等处的总兵官。到任后，他遵照福建巡抚殷从俭的建议，继续完善由戚继光和谭纶重建的福建海防体系。早在平海卫大捷后，戚继光和谭纶就着手重建福建海陆联防的边防体系，以招募的士兵为主要战力，恢复了水寨，在陆上重新划分了三个战区。此时沿海形势基本稳定，此前招募的大量士兵给福建财政带来的压力很大，故亟须调整。

俞大猷提出了自己的主张：首先，精简营兵，增加当地士兵的比重。俞大猷主张遣返由浙江招募而来的部分士兵，多招募福建籍士兵，使福建海防士兵的数量维持在2180人左右。这些士兵分为6营，以指挥和把总统领，如遇大战则迅速以营为单位扩军。其次，强化水寨兵力。隆庆初，福建官员已经改变了士兵常驻水寨的做法，只在每年三、四、五、九、十月派兵出海巡逻，他时仅留少量官兵看守战船。俞大猷要求各水寨平时要留一半兵力，以防海盗侵扰。他还调整了各水寨辖区，以便各处巡逻。最后，严加训练。俞大猷以《剑经》为纲目，训练福建士兵的格斗技艺和胆量，教授他们阵法。经过俞大猷的调整，福建方面既减少了财政开支，又维持了海防力量。

七月，俞大猷因擅离驻地被降为都督佥事。万历元年(1573)，一伙海盗侵扰福建，俞大猷派邓之屏追击。邓之屏在途中带兵转向澎湖，致使这伙海盗侵犯烽火寨(今福建省霞浦县松港街道松山村)，杀死了当地的把总。俞大猷因此被革职。此时俞大猷已经71岁了，虽再经落职，但仍壮心不已，一心报效国家。

当时谭纶任兵部尚书，杨博任吏部尚书，俞大猷在给他们的信中再次表明了自己为国尽力的愿望。万历二年(1574)四月，俞大猷被任命为后军都督府佥书管事，进京任职。总督京营戎政杨炳向万历皇帝奏请制造战车，训练车兵。谭纶趁机大力举荐俞大猷，终于在次年二月为

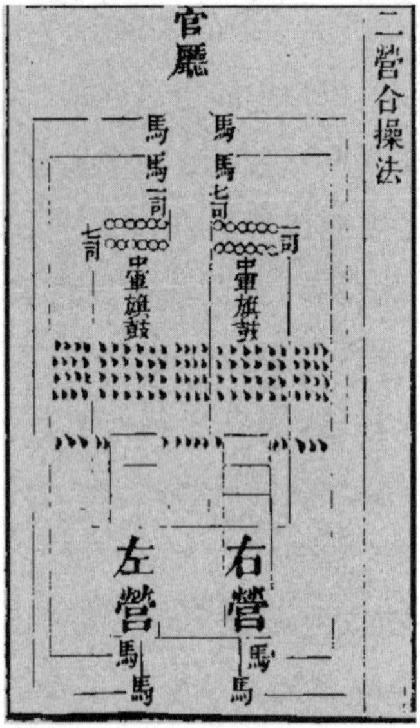

俞大猷绘操法图示

（采自俞大猷《正气堂续集》卷六，清道光间味古书室刻本，第 22 页）

他争取到了提调京营车兵的机会。俞大猷经过多年的思索，对当时兵车的形制、武器装备、编制等均加以调整。同时，他丰富了车兵的训练方式，强化训练车兵和其他兵种的协同作战能力。到万历五年（1577），俞大猷督造了新式兵车 1200 辆，训练出 6 万人，京营为之改观。他因此被授予都督同知之职。

随着挚友谭纶去世，车兵训练有成，戚继光和李成梁有力地保卫了明朝的北部边疆，俞大猷萌生了退意。万历六年（1578），俞大猷三次上疏请求致仕。九月初八，万历皇帝批准了他的奏请，并在泉州赏赐他一座府第。京城外，俞大猷和朋友一一道别。入福建后，早有福建巡抚耿定向派的 6 名随从等候在路旁，将俞大猷一行送达都督府第。进入府中，俞大猷抬头一看，是耿定向所送牌匾，上书“昭代儒将”。他不由得想起幼年间所立的报国之志，想起自己和师友们一起讨论《周易》，想起和将士们乘舟追剿倭寇……

小贴士

京营：明代驻扎于京师的军队，又称京军三大营。明成祖时以五军营、神机营、三千营三大营警卫京师，总称京营。每营以提督内臣、武臣等官员管理。明中期以后，京军日益衰弱。后以团营、官厅的方式训练京军。嘉靖二十九年(1550)恢复三大营旧制，改三千营为神枢营，罢提督内臣等官，设总督、协理。

万历七年(1579)八月二十九日，俞大猷与世长辞，享年77岁。朝廷知道后，赠其为左都督，命有司负责丧葬事宜。俞大猷的墓地就在今天晋江苏垵卧牛山上，墓碑上书“皇明都督虚江俞公墓”。他的友人纷纷前往追悼，其中黄吾野作《挽俞都督》诗云：

大星落东海，涕泣满城哀。
百战功徒在，千秋梦不回。

云销天地气，世绝古今才。

寂寞廉颇馆，空余吊客来。

各地百姓也纷纷纪念俞大猷。到清代，在镇海、苏州、桂林、汀州等俞大猷战斗过的地方，地方官和百姓每年均会到“俞公祠”祭拜，缅怀他为地方安定和国家安全做出的巨大贡献。近代以来，俞大猷的报国之志和抵御外辱的事迹得到了更广泛的传颂。当日本侵略者入侵金门、宁波时，《大公报》等报刊通过报道俞大猷在当地的战绩来激励民众的爱国情怀和反侵略精神，并连载俞大猷

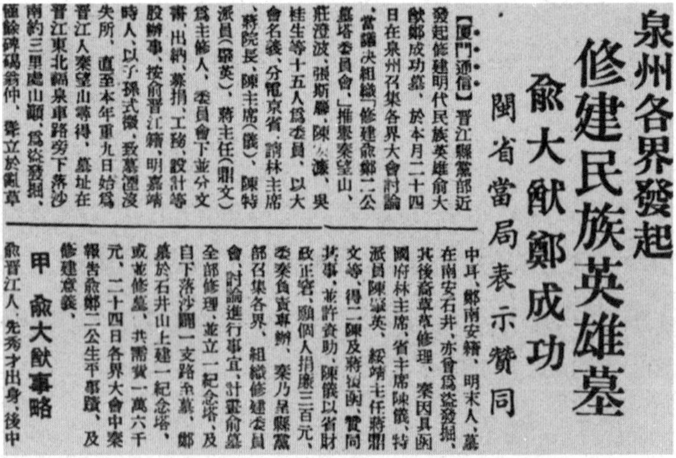
泉州各界發起
修建民族英雄墓
兪大猷鄭成功
閩省當局表示贊同

【廈門通信】晉江縣黨部近發起修建明代民族英雄兪大猷鄭成功墓，於本月二十四日在泉州召集各界大會討論，當場决組織「修建兪鄭二公墓塔委員會」，推舉秦望山、莊澄波、張斯麟、陳[illegible]濂、吳桂生等十五人爲委員，以大會名義，分電京省，請林主席、蔣院長、陳主席（儀）、陳特派員（肇英）、蔣主任（鼎文）爲主修人，委員會下並分文書、出納、募捐、工務、設計等股辦事，按兪晉江籍，明嘉靖時人，以子孫式微，致墓湮沒失所，直至本年重九日始爲晉江人秦望山尋得，墓址在晉江東北谿泉車路旁下落沙南約三里處山顚，爲盜發掘，僅餘碑碣翁仲，猶立於亂草中耳，鄭南安籍，明末人，墓在南安石井，亦曾爲盜發掘，其後裔草草修理，秦因具函國府林主席、省主席陳儀、特派員陳肇英、綏靖主任蔣鼎文等，得二陳及蔣復函，贊同其事，並許資助，陳儀以省財政正窘，願個人捐廉三百元，委秦負責專辦，秦乃呈縣黨部召集各界，組織修建委員會，討論進行事宜，計畫兪墓全部修理，並立一紀念塔，及自下落沙闢一支路至墓，鄭墓於石井山上建一紀念塔，或並修墓，共需費一萬六千元，二十四日各界大會中秦報告兪鄭二公生平事蹟，及修建意義，

甲 兪大猷事略

兪晉江人，先秀才出身，後中

《大公报》1936年12月1日第10版关于泉州爱国人士修建俞大猷墓和纪念塔的报道

的抗倭故事。泉州人秦望山向时任国民政府主席林森、福建省主席陈仪等政要致函，请求维修俞大猷和郑成功的墓地，并为二人修建纪念塔，以激发民众的爱国之情。该消息一经报道，各界爱国人士纷纷响应，大力支持相关活动。

中华人民共和国成立后，俞大猷的爱国精神和抵御外辱的事迹得到了更多的纪念与宣传，如：福建省人民政府将俞大猷墓列为“第三批省级文物保护单位”；家乡泉

俞大猷纪念馆

（位于福建省泉州市洛江区河市镇俞大猷公园。采自范中义《俞大猷评传》，解放军出版社 2014 年版）

州市洛江区河市镇建成了俞大猷公园，其中有俞大猷纪念馆、国术馆、啸卧亭等，被定为“泉州市首批爱国主义教育基地”；石狮市人民政府以镇海石为核心，建设历史主题公园，以弘扬中国人民英勇抗击外来侵略、誓死保卫祖国海疆的坚强意志和决心。

主要参考书目

1. 俞大猷. 正气堂集[M]. 清道光间味古书室刻本.

2. 郑若曾. 筹海图编[M]//影印文渊阁四库全书:第584册. 台北:商务印书馆,1986.

3. 明世宗实录(影印本)[M]. 台北:“中研院”历史语言研究所,1962.

4. 张廷玉等. 明史[M]. 北京:中华书局,1974.

5. 范中义. 俞大猷评传[M]. 北京:解放军出版社,2014.

6. 范中义. 俞大猷传[M]. 北京:线装书局,2015.

7. 何世铭. 俞大猷年谱[M]. 泉州:泉州历史研究会,1984.

8. 蒋夏雨. 俞大猷研究[M]. 厦门:厦门大学出版社,1998.

9. 陈继川,俞建辉. 俞大猷研究论文集[C]. 厦门:厦门大学出版社,2016.

10. 范中义,仝晰纲. 明代倭寇史略[M]. 北京:中华书局,2004.

11. 宋烜.明代浙江海防研究[M].北京:社会科学文献出版社,2013.

12. 范中义.戚继光大传[M].北京:海洋出版社,2015.

13. 卞利.胡宗宪传[M].合肥:安徽大学出版社,2013.

14. 卜键.嘉靖皇帝传[M].北京:团结出版社,1995.

15. 张显清.严嵩传[M].合肥:黄山出版社,1992.